당사자가 변론에서 수시로 주장하는 준비서면 실무지침서

민사소송
준비서면
작성방법

편저 : 대한법률콘텐츠연구회

(콘텐츠 제공)

법문북스

머 리 말

전혀 생각해 보지도 못한 사건에 휘말려 소장을 받았거나 청구가 부당하지만 어떻게 대응하여야 할지 경험이 있는 분이더라도 걱정이 이만저만이 아닙니다. 누가 소송을 지려고 소송을 하는 그런 분은 없습니다. 소송도 하나의 기술입니다. 기술을 잘 활용하여 공격하고 방어를 하지 못하면 아무런 소용이 없습니다.

민사소송은 사람이 일상을 살아가면서 손해를 보지 않으려면 알아 두는 것이 좋습니다. 법을 잘 모르시는 분들에게는 일상생활에 도움이 되는 법적인 대응방법을 알아둔다는 것이 그리 쉽지만 않습니다.

예방도 중요하지만 억울한 일을 당하지 않는 것만 해도 반은 성공을 한 것입니다.

의무가 있는 것도 아닌데 몰라서 손해를 보는 것이라면 조금만 귀를 기울려 관심을 가지면 몰라서 손해를 볼 수 있는 것은 예방할 수 있습니다. 소송이라는 것은 알고 대응하는 사람과 모르고 당하는 사람과는 큰 차이가 있습니다.

알고 보면 민사소송도 민사소송법도 모두 사람이 만들었습니다. 사람에 따라 공격하는 방법도 다르고 방어하는 방법도 다르겠지만 목적은 모두 같습니다. 소송에서 자기에게 유리하게 이끌어 가려고 노력을 많이 할 수밖에 없습니다. 이런 노력도 기초적인 민사소송절차를 익히면 나머지는 조금만 노력하고 읽어보시면 소송을 쉽게 할 수 있습니다.

소송은 공격과 방어라는 치열한 공방의 전개입니다.

누가 법률적 이론에 근거한 논리적인 글을 잘 써 내느냐에 따라 소송의 결과는 얼마든지 바꿀 수 있습니다.

소송의 결과는 준비서면이 좌우합니다.

준비서면은 원고나 피고가 변론에서 진술하고자 하는 사항을 미리 기재하여 법원에 제출하는 서면입니다. 준비서면은 원고나 피고가 소송이 제기된 후 변론이 종결될 때까지 수시로 법원에 대하여 주장 또는 설명하여야 할 사항을 개진하는 역할을 하는 것으로서 증거절차와 아울러 변론의 핵심이라 할 수 있습니다.

소송에서 준비서면이 중요하다는 것은 공격방어방법에 해당하는 원고나 피고의 주장은 물론이고 증거의 탄핵이나 설명, 법률적 견해의 설명 등을 법원에 대하여 주장하고자 하는 모든 사항을 기재하여 제출하기 때문에 매우 중요한 역할을 합니다. 그러므로 준비서면은 변론주의의 원칙상 법률요건을 충족하기 위한 주요사실에 관한 주장을 누락하여서는 아니 됩니다.

요건사실에 해당하는 사실에 관하여 원고나 피고가 입증 활동을 하면서도 이러한 사실을 준비서면 등으로 당사자가 주장하지 아니한 경우 법원으로서는 그 사실에 기하여 판단할 수 없음이 원칙입니다.

원고나 피고는 소송에 대하여 법원에 변론을 하여야 합니다.

사실상 및 법률상의 주장과 증거의 신청도 법정에서 구두로 변론하는 것이 원칙입니다. 아시다시피 소송의 실제에서는 법원은 같은 기일에 수많은 사건을 심리하기 때문에 원고나 피고가 법정에서 진술하고자 하는 사항을 하나도 빠짐없이 구술로 진술하는 것은 시간적인 제약이 있습니다.

구술로 법정에서 진술하는 것을 청취하는 것만으로는 재판장이나 상대방이 그 진술내용을 정확하게 파악하기도 쉽지 않습니다.

변론기일 전에 미리 원고나 피고에게 변론에서 주장하고자 하는 바를 준비서면에 기재하여 법원에 제출하게 하고 그것을 상대방에게 송달하여 두면 재판장이나 상대방으로서는 도래할 기일의 변론내용을 미리 알 수 있으므로 그 진술에 대하여 석명이나 응답의 준비를 할 수 있으므로 변론을 집중하여 소송의 심리를 촉진합니다.

원고나 피고로서는 자신의 주장을 소송기록상 명확히 하여 두기 위하여도 준비서면을 작성하여 제출할 필요가 있습니다. 법정에서 구술로 변론하고 준비서면을 작성하고 제출하지 않을 경우 조서의 녹취가 정확하지 않으면 재판장의 경질이나 소송이 항소되어 상급심으로 이심된 경우 기록에 남아 있지 아니한 주장은 소송자료로 사용될 수가 없습니다.

그래서 당사자가 제출하는 준비서면은 소송의 승패가 좌우될 만큼 매우 중요한 역할을 합니다. 당사자가 상대방의 주장에 대하여 언제든지 법률적 이론에 근거한 논리적인 글을 잘 써낼 수 있도록 만족한 결과를 얻으시는 데 도움을 드리고자 적극적으로 본 도서를 권장하고 싶습니다.

감사합니다.

편저자 드림

민사소송 준비서면 작성방법

제2장. 준비서면 작성하는 방법 ······································ 17

민사소송
준비서면 작성방법

제1장. 준비서면

소장이 법원에 제출되면 소송이 시작됩니다. 제1심의 소송절차는 모두 소장의 제출에 의하여 소송이 개시되고, 소장을 중심으로 하여 원고의 공격과 피고의 방어가 전개됩니다. 법원은 소장이 접수되면 재판장의 소장 심사를 거쳐 소장의 부본을 피고에게 송달하고 피고가 원고의 청구를 다투는 경우에는 소장의 부본을 송달받은 날부터 30일 내에 답변서를 제출하게 합니다.

피고가 답변서를 제출하면 재판장이 답변서를 검토하여 답변내용에 따라 사건을 변론준비절차에 부침과 동시에 답변서의 부본을 원고에게 보내고 3주간의 기간을 정하여 반박준비서면을 제출하게 하고 원고가 준비서면을 제출하면 다시 피고에게 보내고 3주간의 기간을 정하여 재반박준비서면을 제출하게 하여 이를 교환하게 하고 쟁점을 정리함과 아울러 변론을 종결합니다.

준비서면은 원고나 피고가 변론에서 진술하고자 하는 사항을 미리 기재하여 법원에 제출하는 서면을 말합니다. 준비서면은 원고나 피고가 소송이 제기된 후 변론이 종결될 때까지 수시로 법원에 대하여 주장 또는 설명하여야 할 사항을 개진하는 역할을 하는 것으로서 증거절차와 아울러 변론의 핵심이라 할 수 있습니다.

준비서면에는 공격방어방법에 해당하는 원고나 피고의 주장은 물론 증거의 탄핵이나 설명, 법률적 견해의 설명 등을 법원에 대하여 주장하고자 하는 모든 사항을 기재하여 제출합니다. 그러므로 준비서면은 변론주의의 원칙상 법률요건을 충족하기 위한 주요사실에 관한 주장을 누락하여서는 아니 됩니다.

요건사실에 해당하는 사실에 관하여 원고나 피고가 입증 활동을 하면서도 이러한 사실을 준비서면 등으로 주장하지 아니한 경우 법원으로서는 그 사실에 기하여 판단할 수 없음이 원칙입니다.

원고나 피고는 소송에 대하여 법원에 변론을 하여야 하므로 사실상 및 법률상의 주장과 증거의 신청도 법정에서 구두(말)로 변론하는 것이 원칙입니다. 그러나 소송의 실제에서는 같은 기일에 수많은 사건을 심리하기 때문에 원고나 피고가 법정에서 진술하고자 하는 사항을 하나도 빠짐없이 구술(말)로 진술하는 것은 시간적인 제약이 있습니다.

구술(말)로 법정에서 진술하는 것을 청취하는 것만으로는 재판장이나 상대방이 그 진술내용을 정확하게 파악하기도 쉽지만 않습니다. 변론기일 전에 미리 원고나 피고에게 변론에서 주장하고자 하는 바를 준비서면에 기재하여 법원에 제출하게 하고 그것을 상대방에게 송달하여 두면 법원이나 상대방으로서는 도래할 기일의 변론내용을 미리 알 수 있으므로 그 진술에 대하여 석명이나 응답의 준비를 할 수 있으므로 변론을 집중하여 소송의 심리를 촉진합니다.

원고나 피고로서는 자신의 주장을 소송기록상 명확히 하여 두기 위하여도 준비서면을 작성하여 제출할 필요가 있습니다. 구술(말)로 변론하고 준비서면을 작성하고 제출하지 않을 경우 조서의 녹취가 정확하지 않으면 법관의 경질이나 소송이 항소되어 상급심으로 이심된 경우 기록에 남아 있지 아니한 주장은 소송자료로 사용될 수가 없습니다.

상대방의 주장이 분명하지 않은 점이 있으면 그 부분에 대하여는 우선 준비서면을 통하여 석명을 구하고 상대방의 해명이 있은 뒤에 준비서면을 통하여 주장하는 것이 좋습니다. 그것을 그대로 두고 당사자가 자기의 짐작이나 추측에 따라 주장을 하게 되면 후일 상대방이 석명을 한 결과가 엉뚱한 것으로 만드는 수가 자주 있습니다.

(1) 입증

원고의 주장이나 피고의 항변을 증명할 수 있는 증거를 제출하는 것을 입증이라고 합니다. 입증의 방법에는 여러 가지가 있으나 서증, 증인, 당사자 본인신문, 감정, 검증, 문서송부촉탁, 사실조회촉탁, 증거보전, 녹음녹취 등이 많이 사용됩니다.

원고의 주장에 대한 피고의 대응은 크게 인정, 부인, 항변으로 구분됩니다.

(2) 입증책임

항변의 경우는 원고의 청구원인을 피고가 인정했으므로 원고는 입증을 할 필요가 없고 새로운 사실을 피고가 항변으로 주장했으므로 (1)변제항변이든 (2)소멸시효 항변이든 그 사실을 피고가 입증을 하여야 합니다.

하지만 부인의 경우는 원고의 청구원인을 피고가 그냥 부인한 것에 불과하므로 여전히 원고가 대여금이라는 것을 입증해야 하지 피고가 증여라거나 투자라는 사실을 입증할 필요가 없습니다.

피고가 원고의 청구원인을 부인한 것이므로 대여사실을 여전히 원고가 입증해야 하고 원고가 입증을 못하면 원고가 소송에 지고 피고가 소송에서 이기는 것입니다.

① 인정

원고의 주장하는 사실을 그대로 인정하는 것입니다. 이 경우에는 원고는 더 이상 자기의 주장을 입증할 필요 없이 승소판결을 받을 수 있습니다.

② 부인

　원고의 주장에 대해 피고는 그런 사실이 없다고 부정하는 것입니다. 이 경우에는 원고는 승소하기 위해서 입증을 하여야 합니다.

③ 항변

　원고의 주장하는 사실을 피고가 인정하면서 원고의 주장과 양립할 수 있는 새로운 사실을 주장하는 것을 말합니다. 이 경우에는 피고는 자기의 주장을 입증하여야 합니다.

(3) 서증

　서증은 법원에 증거로 제출하는 문서로서 문서의 의미와 내용이 증거자료가 되는 증거방법입니다.

(4) 서증의 종류

　서증은 작성자, 기재사항, 작성목적에 따라 아래와 같이 분류할 수 있습니다.

① 공문서와 사문서(문서작성자에 따라)

　공문서는 공무원이 직무상 작성한 문서이고 그 외의 문서는 사문서입니다. 공문서는 진정성이 추정되지만 사문서는 진정 성립이 추정되지 않고 상대방이 그 진정 성립을 인정하지 않는 한 다른 증거방법에 의해 그 성립의 진정을 증명하여야 합니다.

② 처분문서와 보고문서(내용에 따라)

처분문서는 증명하고자 하는 법률적 행위가 그 문서 자체에 의하여 이루어진 문서로 판결서·계약서·유언서·어음·수표·유가증권 등을 말하고, 보고문서는 문서작성자가 보고 듣고 느끼고 판단한 내용을 기재한 문서로서 영수증·일기·장부·진단서 등이 있습니다.

처분문서는 진정 성립이 인정되면 그 내용이 되는 법률행위가 인정되어 법률행위가 있었던 것으로 증명되나, 보고문서는 진정 성립이 인정되더라도 문서의 기재사실이 진실한지의 여부는 여러 사정을 고려하여 판단하게 됩니다.

③ 원본, 등본, 정본, 초본(동일 내용의 문서, 상호 간의 관계에 따라)

원본은 최초에 확정적으로 작성된 문서를 말하며, 등본은 원본을 완전히 옮겨 쓴 문서로서 작성자가 원본과 동일하다는 것임을 증명한 것을 말합니다. 정본은 등본 중에서 공증권한을 갖는 공무원이 원본과 동일한 효력을 갖는 것을 표시한 문서이고, 초본은 원본의 일부분만이 필요한 때에 원본 내용 중의 일부만을 기재한 문서로서 등본의 일종입니다.

(5) 서증의 확보방법

상대방 또는 제3자가 서증을 소지하고 있는 경우 아래와 같은 방법으로 서증을 확보할 수 있습니다.

① 문서송부촉탁신청

문서송부촉탁은 문서의 제출의무가 있든 없든 가리지 않고 그 문서소지자를 상대로 그 문서를 법원에 송부하여 줄 것을 촉탁하는 절차입니다. 국가기관, 법인, 학교, 병원 등이 보관하고 있는 문서를 서증으로 제출하고자 할 경우에 흔히 이용되고 있습니다.

② 문서제출명령신청

문서제출명령은 문서제출의무를 부담하는 상대방 또는 제3자가 서증으로 제출할 문서를 소지하고 있기 때문에 직접 제출할 수 없는 경우 당사자의 신청에 따라 법원이 그 문서의 제출을 명하는 절차입니다.

문서제출명령신청서에는 문서의 표시와 취지, 소지자, 증명할 사실, 제출의무의 원인을 명시하여야 합니다. 개정된 민사소송법은 문서소지자에 대한 문서제출의무를 확대하여 원칙적으로 증언의 거절사유와 일정한 사유(형사소추, 치욕, 직무비밀, 직업비밀 등)가 있는 문서와 공무원이 직무상 보관하는 문서를 제외하고는 모든 문서를 제출하도록 하였습니다.

③ 사실조회촉탁신청

사실조회촉탁신청은 공공기관, 학교, 병원, 그 밖의 단체·개인 또는 외국의 공공기관에 그 업무에 속하는 사항에 관하여 필요한 조사 또는 보관중인 문서의 사실조회결과를 촉탁하여 증거를 수집하는 절차입니다.

(6) 서증의 제출방법

서증은 법원에 제출할 때에는 상대방의 수에 1을 더한 수만큼 사본을 제출 하도록 하고, 그 제출 시기는 서증신청을 함과 동시에 제출함을 원칙으로 합니다.

서증에는 서증의 첫 페이지 왼쪽 또는 오른쪽의 중간 상단부분에 '갑 제○호증'이라 번호를 붙여야 합니다. 피고가 제출하는 서증은 '을 제○호증'이라 번호를 붙여 가면 됩니다. 또한, 같은 종류의 서증이 여러 개인 경우 '갑 제○호 증의 1', '갑 제○호증의 2'라는 식으로 '갑 제○호증'이라는 하나의 모 번호 내에서 다시 가지번호를 붙여 나갑니다.

그리고 서증을 등본이나 원본이 아닌 사본으로 제출하는 경우에는 위와 같이 서증번호를 붙이는 것 외에도 그 첫 장과 끝장 사이에 일일이 간인을 하고, 끝장 하단 여백에 "원본과 상위 없음. 원고 ○○○"라고 적어 넣은 다음 도장을 찍어야 합니다. 피고에게 줄 서증 사본에도 같은 표시를 하는 것이 좋습니다.

(7) 서증인부

증거로 서증이 제출되면 법원은 상대방에게 그것이 진정한 것인가의 여부를 물을 수도 있는데 이때 대답하는 방법은 성립인정, 부인, 부지 등으로 대답할 수 있습니다.

성립인정은 상대방이 주장하는 바와 같이 작성자가 작성한 문서라는 사실을 인정한다는 취지이고, 부인은 작성자로 주장된 사람이 작성하지 아니한 것이라는 취지이며, 부지는 작성자라고 주장된 사람이 작성한 것인지, 아니면 가짜인지 알 수 없다는 것입니다.

(8) 증인

증인은 사건을 목격하거나 경험한 사실에 대해 법원에 진술할 것을 명령받은 사람으로서 당사자 외에 제3자를 말합니다.

(9) 증인신문의 종류

증인신문의 종류는 아래와 같이 세 가지 구분됩니다. 법원은 증인별 입증취지 및 당사자와의 관계 등을 고려하여 하나의 방식을 정하게 됩니다.

① 증인진술서 제출방식

효율적인 증인신문을 위하여 필요하다고 인정하는 때에 증인을 신청한 당사자에게 증인진술서를 제출할 수 있게 하는 방식으로 신청인이 주 신문을 서면으로 작성한 증인진술서를 제출하면 이를 상대방에게 미리 송달하여 반대신문 사항을 준비할 수 있게 합니다. 법정에서는 반대신문을 중심으로 진행하는 효율적이고 실질적인 증인신문 방식입니다.

② 증인신문사항 제출방식

증인진술서 방식이 부적당한 경우에, 신청인이 미리 작성한 증인신문 사항에 따라 주 신문이 이루어지고 상대방이 주 신문에 대한 반대신문을 하고 이후 재판장의 신문으로 진행되는 증인신문 방식입니다.

③ 서면에 의한 증언방식

증인과 증명할 사항의 내용 등을 고려하여 상당하다고 인정하는 때에는 출석과 증언에 갈음하여 증언할 사항을 적은 서면을 제출할 수 있게 하는 방식으로 공시송달사건이나 피고가 형식적인 답변서만을 제출하고 출석하지 아니하는 사건과 같이 적극적으로 다투지 아니하는 사건에 흔히 채택되는 방식입니다.

(10) 증인신청방법 및 절차

① 기일 전에 증인신문신청서를 법원에 제출합니다. 증인신문신청서에 증인 별로 입증취지 및 당사자와의 관계를 명확히 밝히고 증인의 출석 여부 확인 및 연락 가능한 전화번호 등을 함께 기재하여야 합니다.

② 법원으로부터 증인신문신청이 증거신청으로 채택되면 법원에서 정한 바에 따라 증인진술서를 제출하거나 증인신문사항을 제출하여야 합니다. 이는 법원에서 정한 기간 안에 제출합니다.

③ 신청인은 증거조사비용(일당, 여비, 숙박료 등)을 증거조사기일 전에 법원 보관금 취급담당자에게 예납하여야 합니다. 증거조사비용을 예납하지 않을 때에는 증인신문을 하지 않을 수 있습니다.

(11) 증인에 대한 반대신문방법

① 증인은 신청한 당사자가 먼저 신문하고 그 다음 상대방이 신문하는 방식으로 이루어집니다. 이를 주신문과 반대신문이라고 하는데, 반대신문은 주 신문에 의한 증언의 진실성을 알아보려는 것이므로 주 신문에 나타난 사항과 이에 관련되는 사항 및 증언의 신빙성에 관한 사항이 아니면 신문할 수 없습니다.

② 따라서 신청한 당사자가 먼저 신문할 때 상대방 당사자가 너무 흥분하여 증언을 제대로 듣지 못하면 반대신문을 정확히 못하게 되니 조용히 경청하면서 반대신문 할 때 물어볼 사항을 메모한 후 반대신문 시 차근차근 물어보아야 합니다.

(12) 불출석 증인에 대한 과태료와 감치 제도

정당한 사유 없이 증인신문기일에 출석하지 아니한 증인에 대하여는 500만 원 이하의 과태료의 제재를 부과할 수 있습니다. 증인이 1회 과태료 재판을 받고도 다시 출석하지 아니할 경우 7일 이내의 감치에 처할 수 있도록 하였습니다.

(13) 감정

감정은 법원이 특별한 학식이나 지식을 가진 자에게 그 전문적 지식 또는 그 지식을 이용한 판단을 소송상 보고 시켜 재판장의 판단능력을 보충하기 위한 증거조사방법입니다.

(14) 감정 신청방법 및 절차

① 신청인은 변론기일 전에도 해당 법원에 감정신청서를 제출할 수 있습니다(민사소송법 제 289조)

② 법원으로부터 감정신청이 증거신청으로 채택되고, 감정인이 선정됩니다.

③ 법원이 신청인에게 감정료의 납부 방법을 고지하면 신청인은 감정비용을 법원 보관금에 예납하여야 합니다.

④ 선정된 감정인은 감정이 완료되면 감정서를 법원에 제출합니다.

⑤ 신청인은 감정서 등본을 교부받아 감정결과가 유리하다고 판단되는 경우 감정결과를 원용합니다.

(15) 검증

검증은 증거확보의 절차로 많이 사용되고 있는 제도입니다. 검증은 재판장이 직접 사물의 성상, 현상을 보거나 듣고, 느낀 내용을 증거자료로 하는 증거조사방법입니다.

(16) 검증 신청방법 및 절차

① 검증은 직권 또는 당사자의 신청에 의하여 증거결정을 함으로써 시행합니다.

② 법원으로부터 검증신청이 증거신청으로 채택되면, 변론(준비)기일에 또는 법원의 청사 내에서 검증을 행하는 경우(예컨대 문서의 인영대조 검증 등)에는 특별한 비용이 필요하지 않을 것이나, 현장에 나가서 검증을 행하는 경우에는 신청인은 현장검증인 경우 담당 재판부에 검증비용을 문의한 후 법원 보관금에 예납하여야 합니다.

③ 현장검증인 경우 검증기일에 현장에 출석하여 주장사실이 입증될 수 있도록 합니다.

④ 신청인은 검증결과가 유리하다면 변론기일에 검증조서의 결과를 원용합니다.

(17) 문서송부촉탁신청

문서송부촉탁은 문서의 제출의무가 있든 없든 가리지 않고 그 문서소지자를 상대로 그 문서를 법원에 송부하여 줄 것을 촉탁하는 절차를 말합니다. 국가기관, 법인, 학교, 병원 등이 보관하고 있는 문서를 서증으로 제출하고자 할 경우에 흔히 이용되고 있습니다.

(18) 문서송부촉탁 신청방법 및 절차

① 신청인은 기일 전에 해당 법원에 문서송부촉탁신청서를 제출합니다.

② 법원으로부터 문서송부촉탁이 증거신청으로 채택되면 법원은 문서보관기관에 촉탁서를 송달합니다.

③ 촉탁한 문서가 법원에 도착하면 담당 재판부는 이 사실을 신청인에게 고지합니다.

④ 신청인은 문서의 열람을 신청하여 그 문서가 유리한 경우 변론에서 서증으로 제출합니다.

유의사항

문서가 있는 장소와 그 문서의 번호 등을 확인하여 문서의 보관 장소 및 번호가 정확하지 않으면 송부촉탁을 할 수 없는 경우가 발생할 수 있으므로 보관기관과 문서번호 등을 분명하게 확인하여야 합니다.

(19) 사실조회촉탁신청

사실조회촉탁신청은 공공기관, 학교, 병원, 그 밖의 단체·개인 또는 외국의 공공기관에 그 업무에 속하는 사항에 관하여 필요한 조사 또는 보관중인 문서의 사실조회결과를 촉탁하여 증거를 수집하는 절차입니다.

(20) 사실조회촉탁 신청방법 및 절차

① 신청인은 해당 법원에 사실조회촉탁신청서를 제출합니다.

② 법원으로부터 사실조회촉탁이 증거신청으로 채택되면 법원은 사실조회

서를 조회기관에 송부합니다.

③ 조회결과가 법원에 도착하면 변론기일에 변론에 상정되며, 신청인이 이를 유리하다고 판단하면 변론에서 이를 원용하면 됩니다.

(21) 증거보전

증거보전은 소송계속 전 또는 소송계속 중에 특정의 증거를 미리 조사해 두었다가 본안소송에서 사실을 인정하는 데 사용하기 위한 증거조사방법입니다.

(22) 증거보전 신청방법 및 절차

① 소제기 전에도 신청할 수 있습니다. 소제기 전에는 신문을 받을 증인, 감정인, 당사자의 거소, 증거로 할 문서를 가진 사람의 거소 또는 검증하고자 하는 목적물이 있는 곳을 관할하는 지방법원에 비용을 예납한 후 신청합니다. 소제기 후에는 그 증거를 사용할 심급법원에 신청합니다.

② 신청인은 증거조사비용을 예납하여야 합니다. 증거보전의 비용은 소송비용의 일부가 되므로 그 부담은 소송비용의 재판에서 일괄하여 정하여집니다. 증거보전으로 증거조사가 되었지만 본 소송이 계속되지 아니한 때에는 민사소송법 114조의 규정에 준하여 당사자의 신청에 따라 결정으로 소송비용의 액수를 정하게 됩니다.

③ 법원으로부터 증거보전이 증거신청으로 채택되면 증거조사를 시행하고 이후에 본안소송 변론에서 이를 원용하면 됩니다.

(23) 녹음·녹취

상대방과의 대화내용을 녹음한 후 녹음한 내용을 다시 문서로 녹취한 녹취
서를 서증으로 제출하는 증거조사를 말합니다. 녹취서는 발언한 사람, 녹취한
사람, 녹취일시·장소 등의 사항을 명시해야 합니다.

제2장. 준비서면 작성하는 방법

준비서면에는 (1)당사자의 성명, 명칭 또는 상호와 주소 (2)사건의 표시 (3)공격 또는 방어의 방법 (4)상대방의 청구와 공격 또는 방어방법에 대한 진술 (5)첨부서류의 표시 (6)작성한 날짜 (7)법원의 표시를 기재하고 위 (3)와 (4)의 사항에 대하여는 사실상 주장을 증명하기 위한 증거방법과 상대방의 증거방법에 대한 의견을 함께 적는 것이 좋습니다.

(1) 준비서면의 기재순서

실무에서는 준비서면을 표제, 사건번호, 사건명, 당사자의 표시를 순차로 기재하고 그 다음에 어느 당사자가 그 준비서면을 제출하는가를 밝히는 문언과 변론준비의 내용을 기재한 다음, 첨부서류의 표시, 작성연월일, 작성자의 기명날인 다음에 제출하는 법원을 표시하고 있습니다.

그러나 준비서면은 형식적인 기재순서보다는 재판장의 심증을 움직이는 데 초점을 맞추고 논리에 맞도록 하며, 기재순서와 준비서면의 분량을 적절히 조절하여야 합니다.

(2) 서증의 인부

실무에서는 원고가 소장이나 준비서면에 서증의 사본을 붙여 보내는 수가 있고, 피고가 답변서나 준비서면에 서증의 사본을 붙여 보내고 있는데 그에 대하여 당사자가 그 서증의 인부를 준비서면에 기재하는 예가 자주 있습니다.

그러나 서증의 사본을 소장이나 준비서면 또는 답변서나 준비서면에 첨부하였다 하더라도 그것은 서증의 제출이라고 할 수 없고 서증의 원본이나 또는 인증이 있는 등본을 재판부에 제출하여야 서증을 제출한 것이 되므로 서증이 제출되었다고 할 수 없습니다.

서증에 대한 인부를 실수 없이 하려면 준비서면을 통하여 서증의 정본이나 등본을 재판부에 제출하게 하고 원고나 피고가 서증의 원본을 실제로 보고 필적, 인영, 지질, 기타의 정황을 충분히 검토하고 사본이 정확한가의 여부까지 확인한 후에 하는 것이 좋습니다.

(3) 공격 또는 방어방법의 기재

공격방법은 원고가 그 청구를 유지하기 위하여 제출하는 일체의 사실상 또는 법률상 소송자료를 말합니다. 방어방법은 피고가 그 방어적 신청 예를 들어 소 각하 또는 청구기각을 유지하기 위하여 제출하는 일체의 사실상 또는 법률상 소송자료를 말합니다.

(4) 요건사실과 주변사정

사실에 관한 주장은 청구를 이유 있게 하거나 이를 저지할 법률요건 사실에 관하여 그 존부와 구체적 내용에 관한 것입니다. 그러나 이러한 요건사실에 관한 기재 이외에 그러한 사실들을 추인할 수 있는 간접사실이나 보조사실 등 주변사정에 관한 주장도 준비서면에 기재하는 것이 보통입니다.

대법원은 소멸시효의 기산일은 채무의 소멸이라고 하는 법률효과 발생의 요건에 해당하는 소멸시효기간 계산의 시발점으로서 소멸시효항변의 법률요건을 구성하는 구체적인 사실에 해당하므로 이는 변론주의의 적용대상으로 본래의 소멸시효 기산일과 당사자가 주장하는 기산일이 서로 다른 경우에는 당사자가 본래의 기산일보다 뒤의 날짜를 기산일로 하여 주장한 경우는 물론이고 특별한 사정이 없는 한 그 반대의 경우에 있어서도 변론주의의 원칙상 법원은 당사자가 주장하는 기산일을 기준으로 소멸시효기간을 계산하여야 한다고 하고 있습니다.

변론주의가 지배하는 민사재판에서 요건사실, 즉 주요사실은 당사자가 변론에서 주장하지 아니하는 한 법원이 판결의 기초로 삼을 수 없습니다. 그러나 간접사실이나 보조 사실은 주요사실을 인정하는 데 도움이 되는 데 그치는 것이므로 당사자의 주장이 없더라도 법원은 증거에 의하여 이를 인정하여 요건사실을 인정할 수 있는 자료로 사용할 수 있습니다.

당사자 간에 이에 관한 자백이 있더라도 이에 구속되지 아니하며 이에 관한 당사자의 주장에 대하여 판단을 하지 아니하더라도 판단 유탈이 되지 않습니다.

준비서면에는 요건사실을 중심으로 기재하시고, 그 요건사실의 존부에 관한 법원의 심증 형성이나 이해를 구할 필요가 있는 때에는 간접사실이나 보조사실도 준비서면에 기재할 필요가 있습니다.

사실에 관한 주장을 준비서면에 기재하는 경우에는 될 수 있는 한 청구를 이유 있게 하는 사실, 항변 사실 또는 재항변 사실에 관한 주장을 구분하여 준비서면에 기재하는 것이 좋습니다. 그리고 간접사실이나 보조사실에 관하여는 어느 요건사실과 관련된 것인지 이를 주장하는 목적이 무엇인지 준비서면을 통하여 명확하게 하여야 합니다.

간접사실은 주요사실에 대응하는 것으로 주요사실의 존부를 확인하는 데 도움이 되는 데 그치는 주요사실의 경위, 내력 등에 관한 사실로 변론주의가 적용되지 않습니다. 간접사실에 해당하는 것으로는 예를 들어 이전등기의 경위, 계약의 성립 경우, 충돌 사고의 경위, 변제기일 등기원인일자, 취득시효의 기산일 등이 있습니다.

부동산의 시효취득에 관하여 점유의 권원이나 취득시효의 기산점은 법률효과의 판단에 관하여 직접 필요한 주요사실이 아니고 간접사실에 불과하므로 법원으로서는 이에 관한 당사자의 주장에 구속되지 아니하고 이를 인정하여 판단할 수 있습니다.

(5) 사실주장의 방법

요건사실은 말하자면 매매대금청구의 경우 매매계약의 성립사실로 목적물과 매매대금을 요건사실이라고 합니다. 임대차보증금반환 청구의 경우 임대차계약이 종료된 사실, 연체차임이 없거나 이를 공제하고 보증금이 남아 있는 사실로 목적물, 보증금, 월차임, 계약기간이 요건사실입니다. 대여금반환 청구의 요건사실은 소비대차계약의 성립사실(원금, 이자, 변제기)을 요건사실입니다. 요건사실을 주장함에 있어서는 당해 실체법규가 정하는 법률요건을 분석하여 그에 해당하는 사실을 빠짐없이 주장하여야 합니다.

사실에 관한 주장을 함에 있어서는 행위의 주체, 일시, 상대방, 목적물, 행위의 내용을 기재하는 방법으로 준비서면을 통하여 이를 묘사하시면 됩니다. 말하자면 행위의 장소는 사건의 내용, 전후 경위 등을 설명함에 꼭 필요한 경우이거나 준거법의 결정 등의 문제가 되는 경우에만 준비서면에 기재하는 것이 보통입니다.

사실관계에 관한 주장은 적법한 입증자료의 뒷받침을 받아야 진정한 사실로 인정받게 되므로 준비서면에 사실상의 주장을 기재한 때에는 그에 대한 증거방법을 부기하고 설명하는 것이 좋습니다.

(6) 예비적 주장

예비적 주장은 어떤 사실의 주장이 법원에 의하여 받아들여지지 않을 경우를 가정하고 그 주장과 아울러 예비적으로 그와 배치되는 다른 사실을 주장하는 것을 예비적 주장이라고 합니다.

예를 들어 건물인도 청구의 소송에서 원고가 임차인 피고가 임대차 목적물을 무단 전대한 사실이 있음을 이유로 계약해지를 주장하고, 예비적으로 월차임 2회 이상 연체를 이유로 계약해지를 주장하는 것을 말합니다.

소유권이전등기 청구의 소송에서 소유권 취득의 원인으로 증여를 주장하고 예비적으로 취득시효의 완성을 주장하는 것을 예비적 주장이라고 합니다.

(7) 인부의 기재 방법

준비서면을 통하여 인부를 기재할 때는 상대방이 주장한 순서에 따라 『제1항 어느 부분은 인정하고 제2항은 어떤 이유로 부인합니다.』는 식으로 기재하거나 『제1항 중 어느 부분 무엇에 관한 사실은 인정하고 그 나머지 사실은 어떤 이유로 모두 부인합니다.』고 기재하거나 내용이 많은 경우 준비서면을 통하여 상대방의 주장을 인정하는 부분만 추려서 준비서면에 기재하고 기타의 주장은 부인한다는 식으로 정리하시면 재판장이나 상대방이 이해하기 쉽습니다.

상대방의 주장 사실에 대한 인부는 중대한 의미를 가지는 것이므로 원고나 피고는 주장 사실을 정확히 파악하고 그 결과에 따라 신중하게 준비서면에 정리하여야 합니다. 일단 자백하였다가 이를 부인으로 바꾸는 것은 자백의 취소가 되어 상대방의 동의가 있거나 또는 그 자백이 진실에 반하고 착오에 기인한 것임을 증명한 때에 한하여 할 수 있고 자백에 대한 취소의 시기를 놓

치면 실기한 공격방어방법이라 하고 각하될 염려가 있으며, 일단 부인하였다가 후에 자백하는 것은 어렵지 않으나 재판장의 심증 형성에 나쁜 영향을 미칠 염려가 있으므로 인부는 처음부터 자백과 부인을 명백히 하고 준비서면을 작성하는 것이 좋습니다.

제3장. 증거에 관한 주장

증거는 사실에 관한 주장을 뒷받침하는 것이므로 증거에 관한 주장도 사실에 관한 주장의 부수적 주장이라 할 수 있습니다. 증거에 관한 주장은 (1)증거설명 (2)증거항변의 두 가지 형태로 함이 보통입니다.

(1) 증거설명

재판장은 당사자가 제출하는 서증의 내용을 이해하기 어렵거나 서증의 수가 방대하고 그 입증취지가 불명확한 경우에는 서증을 제출한 당사자로 하여금 서증과 그에 의하여 증명할 사실의 관계를 구체적으로 명시한 증거설명서의 제출을 명할 수 있습니다.

서증의 경우에는 문서의 성립에서부터 그 내용에 이르기까지 상세한 설명을 하는 것이 훨씬 좋습니다. 증인의 증언도 소송의 결과에 중대한 영향을 미치는 것이므로 증언한 내용을 면밀히 검토하여 증거설명을 하는 것이 좋습니다.

(2) 증거항변

증거항변은 소송에 있어 중대한 의미를 가집니다. 증거항변은 상대방이 제출한 증거나 자기에게 불리한 증언이나 진술 등에 대하여 그 증거능력을 다투거나 증명력을 탄핵하는 하는 중요한 것입니다.

예를 들어 상대방이 제출한 문서가 위조문서라고 주장하거나 그 기재한 날자와 다른 날에 작성되었다거나 문서의 작성자가 객관적인 사실을 기재할 위치에 있지 않았다는 내용 등을 주장하는 것을 말합니다.

증인의 증언에 관해서도 그것이 사실과 다르다는 것을 다른 증거자료와 대조해가면서 준비서면을 통하여 설명하고 그 증언의 내용자체가 경함칙에 반하고 논리에 맞지 않음을 지적하여 그 것을 믿을 수 없다고 준비서면을 통하여 주장할 필요가 있습니다.

증거항변 중에서 중요한 것은 판결이유에서도 판단될 정도로 매우 중요합니다. 예를 들어 상대방이 제출한 서증이 위조된 것이라고 주장하였는데 법원이 그 서증을 근거로 사실인정을 하려면 판결에서 그 문서가 위조가 아니라고 인정할 만한 상당한 이유를 설시하여야 하는 것입니다.

준비서면에는 사실에 관한 주장을 입증하기 위한 증명방법과 아울러 상대방의 증명방법에 의한 의견을 개재하여야 하므로 상대방의 서증 등에 대한 의견을 말하자면 인부의 내용을 준비서면에 기재하여 제출하는 것도 아주 좋습니다.

제4장. 청구 및 방어방법의 진술

상대방의 청구에 대한 진술(주장)은 상대방의 청구를 배척하기 위한 진술로 소의 각하 또는 청구기각의 신청이 이에 해당하므로 원고의 청구에 대응하여 피고가 답변서를 통하여 기재하여야 하나, 답변서에 누락되거나 추가할 것이 있으면 준비서면에 기재하시면 됩니다.

공격 또는 방어방법에 대한 진술(주장)은 상대방이 주장하는 개개의 공격 또는 방어방법 말하자면 청구를 뒷받침하거나 이를 저지하는 요건사실이나 항변 그리고 재항변 등으로 주장된 사실에 대하여 그 인정 여부를 진술하는 것을 말합니다.

인부의 방법에 관하여는 '원고 또는 피고' 의 종전 주장에 반하는 사실을 모두 부인한다고 하기도 하지만 이러한 진술로는 쟁점의 부각에는 도움을 줄 수 없으므로 반드시 개개의 사실마다명확한 인부를 하고 부인하는 그 이유를 설명함으로써 쟁점을 명확히 하여야 합니다.

제5장. 인용문서의 첨부

원고나 피고가 소지하는 문서로서 준비서면에 인용한 것은 서증으로 제출하는 것인지 여부를 불문하고 준비서면에 그 등본 또는 사본을 붙여야 합니다. 그러나 문서의 일부만 필요한 때에는 그 부분에 대한 초본을 붙여야 하고 첨부할 문서가 너무 많은 때에는 그 문서를 표시하기만 하고 첨부를 생략할 수 있습니다.

당사자는 상대방의 요구가 있을 때에는 준비서면에 인용한 문서의 원본을 보여 주어야 합니다. 당사자는 상대방이 제출한 서증의 존부 및 진위가 의심스러울 때에는 반드시 그 원본을 법원에 제출하게 하고 열람을 할 필요가 있습니다.

제6장. 석명에 관한 준비서면

석명에 관한 준비서면은 법원 또는 상대방의 석명 요구에 대한 답변 또는 상대방에 대하여 요구하는 석명사항을 기재한 준비서면을 말합니다.

소장의 청구취지나 청구원인 기타 답변서나 준비서면에 있어서의 당사자의 사실상 또는 법률상의 주장에 관하여 그 취지가 불분명한 것, 모순되는 것에 관하여 이를 지적하고 당사자가 진정으로 주장하고자 하는 진술의 취지를 명확하게 하고 필요한 입증을 축구하는 것입니다.

당사자도 상대방의 주장에 대하여 만연히 인부의 진술만 할 것이 아니라 그 취지가 분명하지 않은 것에 대하여는 법원에 구문권을 행사하여 상대방 당사자에게 석명을 구하고 상대방의 해명이 있은 뒤에 구체적인 내용은 준비서면을 통하여 진술하는 것이 좋습니다.

석명에 의하여 상대방의 주장이 분명하게 밝혀지면 답변의 대상도 한정되므로 반박도 용이합니다. 반대로 상대방이 석명을 요구하는 경우에는 석명사항이 그 소송에서 어떠한 의미를 가지는 것인가를 숙고하여야 하고 그렇다고 해서 적홍적인 답변을 하여서는 아니 됩니다.

제7장. 최종 또는 요약준비서면

 변론의 최종 단계에서 마지막으로 주장을 종합 또는 요약하여 제출하는 준비서면으로 실무에서는 이를 종합준비서면이라고도 부릅니다. 당사자는 소장이나 답변서 기타 준비서면이나 법정에서 구술(말)로 진술한 사실상 또는 법률상의 주장과 상대방의 주장 및 항변에 대한 반론 등 종래의 주장을 정리하고 나아가 그때까지 제출한 서증, 인증 등에 대한 증거조사 결과를 면밀히 검토하여 이에 대한 의견을 개진하며, 주장에서 누락된 부분은 보충하고 법률적으로 재구성할 필요가 있는 부분은 이를 추가 또는 변경하는 것이 좋습니다.

 종전 준비서면을 요약 또는 갈음하는 내용이 아니라면 종합준비서면을 제출할 의미가 없으므로 중전의 준비서면을 바탕으로 간단명료하게 결론의 위주로 작성하여야 합니다.

제8장. 준비서면의 제출시기

준비서면은 당사자가 변론기일에 진술하고자 하는 사항에 관하여 법원과 상대방에게 그 변론내용을 예고하거나 준비하기 위한 것이므로 법원이 그 부본을 상대방에게 송달하여야 상대방이 그것을 받아 보고 응답의 준비를 하는 데 필요한 기간을 주어야 합니다.

실무에서는 답변서 등의 발송일로부터 3주 정도의 기한을 정하여 준비서면을 제출할 것을 명하므로 그 기간 내에 준비서면을 제출하여야 합니다.

제9장. 준비서면 제출의 이익

준비서면은 적시에 제출하여 두면 변론기일 또는 변론준비기일에 출석하지 못하더라도 상대방이 출석한 경우 법원은 불출석한 당사자가 제출한 준비서면에 기재된 사항은 진술한 것으로 간주할 수 있습니다. 이 경우 기일 해태의 불이익을 면합니다.

상대방이 불출석 한 경우에도 준비서면에 기재된 사항은 그대로 진술할 수 있습니다. 그 결과 상대방은 그 사실을 자백한 것으로 간주될 수 있습니다.

변론 준비절차 전에 제출한 준비서면에 기재한 사항은 변론준비절차에서 철회되거나 변경된 경우가 아닌 한 변론준비기일에 이를 진술하지 아니하더라도 변론기일에 이를 제출할 수 있고 그 주장에 대하여 기간 해태의 불이익을 받지 않습니다.

제10장 민사소송 준비서면 최신서식

【준비서면(1)】 공사대금 청구와 관련하여 피고가 하자 등으로 공사대금의
지급거절 기각청구 준비서면

준 비 서 면

사건번호 : ○○○○가단○○○○호 공사대금

원 고 : ○   ○   ○

피 고 : ○   ○   ○

○○○○ 년 ○○ 월 ○○ 일

위 피고 : ○ ○ ○   (인)

광주지방법원 민사제○단독 귀중

준 비 서 면

사건번호 : ○○○○가단○○○○호 공사대금

원   고 : ○   ○   ○

피   고 : ○   ○   ○

위 사건에 관하여 피고는 다음과 같이 변론을 준비합니다.

- 다   음 -

1. 서론

원고의 청구원인 사실 중, 제1항 당사자관계와 제2항 중, 원고와 피고가 ○○○
○. ○○. ○○. ○○시 ○○로 ○○, ○○○호 피고 소유의 부동산에 다세대주택
(이하'이 사건 건물'이라고 줄여 쓰겠습니다)에 대한 신축공사계약을 체결한 사
실, 그 대금지급방법에 있어서 계약금 40%, 중도금 40%로 정한 사실, 공사기간
은 ○○○○. ○○. ○○.부터 ○○○○. ○○. ○○.까지로 정한 사실, 피고가 공
사대금으로 ○○○,○○○,○○○원을 지급한 사실, 원고가 설계변경에 의한 추
가공사비라고 주장하는 금 ○○,○○○,○○○원 중 토지형질변경비용 ○○,○○
○,○○○원, 계약상 철 계단으로 되어 있는 것을 콘크리트계단으로 변경하는 과
정에서 추가로 들어간 약 금 ○,○○○,○○○원 및 건물의 처마를 약 ○○㎝ 더
냄으로써 추가로 들어간 약 금 ○,○○○,○○○원을 피고가 각 지급할 의무가
있다는 사실, 원고가 공사 시작하면서 미리 지급한 한국전력공사 임시전기요금
○,○○○,○○○원 중 피고가 환급받은 ○○○,○○○원을 피고가 지급할 의무

가 있다는 사실은 각 인정하나 그 나머지 주장사실은 모두 부인합니다.

2. 갑 제2호증 계약서의 위조 항변

가. 계약서 작성경위

원고와 피고는 이 사건 건물을 신축하기로 합의하고 ○○○○. ○○. ○○. 계약서를 작성하였습니다. 피고의 부주의로 인하여 그 계약서를 분실하여 ○○○○. ○○. ○○.원고와 다시 계약서를 작성할 것을 협의 하여 2차계약서를 작성(을 제1호증)하였는데 계약서상 원고의 주소가'정읍시 ○○로 ○○, ○○○호'에서'정읍시 ○○로 ○○로 ○○'로 바뀌었는데 잘못 기재하였다고 하며 원고가 소지하고 있던 계약서를 찢어버렸습니다.

그 후 피고는 그 때 작성한 계약서를 집에 두었는데 도난을 당하게 되었고 원고는 피고가 계약서를 가지고 있지 않다는 것을 알게 되자 원고가 공사금액, 잔금지불일시 및 피고의 무인이 아닌 다른 사람의 무인을 날인하여 허위의 계약서를 작성하고 이를 마치 진정한 계약서인양 위조된 문서를 첨부한 소장을 법원에 제출함으로써 담당재판부 및 피고를 기망하여 피고로부터 금원을 편취하려 하고 있습니다(갑 제2호증)

이에 피고는 원고를 사문서위조, 행사죄, 사기미수죄로 ○○○○. ○○. ○○. 정읍경찰서에 고소(을 제2호증 고소장, 을 제3호증 접수증)를 하였고 그 사건은 지금 조사가 진행 중에 있습니다.

나. 실제계약서와 위조된 계약서의 내용

원고와 피고는'공사금액을 ○○○,○○○,○○○'[공사계약서 2부 작성하면서 원고에게는 평(○○,○○평)당 ○,○○○,○○○원으로 계산해서 총 공사금액이 ○○○,○○○,○○○원(○○.○○×○,○○○,○○○원)으로 기재된 계약서를 교부하였으며, 피고는 평당 ○,○○○,○○○원으로 계산해서 총 공사금액이 ○○○,○○○,○○○원(○○.○○×○,○○○,○○○원)으로 기재된 계약서를 보관하게 되었습니다.

총 공사금액을 다르게 기재한 이유는 평당 ○,○○○,○○○원으로 계약을 하였으나 후에 공사금액을 놓고 원고와 피고가 다툼이 있자 원고의 처가 공사금액을 평당 ○,○○○,○○○원으로 기재해 주면 이를 원고에게 보여주고 일단 안심을 시키고 공사금액은 평당 ○,○○○,○○○원으로 하겠다는 약속을 해서 원고의 처에게 계약서를 작성해 준 것이었습니다.

그러한 사실을 잘 알고 있는 원고는 소장에서 입증자료로 제출한 계약서에는 총 공사금액을'○○○,○○○,○○○원'으로 위조하였습니다.'공사대금 지불방식은 계약금 40%, 중도금 40%, 잔금은 공사가 끝남과 동시에 지불한다.'라고 작성하고 잔금지불방식은 다시 수기로'○○○○년○○월 중순'이라고 작성했으며(원고는 위조한 계약서에'○○○○년○○월 중순'을 기재하지 않음, 원고는 소장 2. 가.에서'잔금은 ○○○○. ○○.월중'이라고 언급하고 있는데 이는 원고가 계약서를 위조했다는 단적인 증거라 할 것입니다), 피고의 성명 옆에 분명히'피고의 도장'을 날인(원고는 피고의 도장이 아닌' 타인의 무인'을 날인하여 위조)하였습니다(을 제1호증 참조).

3. 설계변경에 의한 추가공사비 청구 등의 부당성

서론에서 언급한 원고가 공사를 하면서 설계를 변경한 부분(철 계단을 콘크리트 계단으로 변경, 처마를 ○○cm 밖으로 더 밀어낸 부분)외에 원고가 주장하는 나머지 설계변경은 설계가 변경된 것이 아니고 원고와 피고간의 원 계약내용이므로 당연히 원고가 이행하여야 할 부분입니다.

가. 피고가 인정하는 부분

공사대금 ○○○,○○○,○○○원 중 피고가 원고에게 계약금 및 중도금으로 지급한 ○○○,○○○,○○○원을 제외한 잔금 ○○,○○○,○○○원을 인정하며 다만 이 잔금도 ○○○○. ○○. ○○.에 지급하기로 계약하였습니다(원고도 소장 2. 가.에서 이 부분을 인정하고 있습니다).

당초 전이었던 토지를 대지로 형질변경하면서 토지형질변경비용 ○○,○○○,○○○원을 원고가 지불하였는데 이 비용은 피고가 지불해야 할 비용임을 인정하고, 계약서상 옥상으로 올라가는 계단을 철 계단으로 하기로 하였는데 후에 알아보니 콘크리트 계단도 무방하다 하여 변경(콘크리트 계단 설치비용은 많아야 레미콘 1차 분량으로 ○,○○○,○○○원 미만인데 원고는 무려 ○○○만원을 요구)하였고 이로 인한 추가비용(○○만원 상당)도 인정하며, 처마 ○○cm 더 밀어냄으로 인한 비용(역시 레미콘 한두 대 분량, 철근은 어차피 남아서 버림)도 인정합니다.

또한 공사 시작하면서 원고가 미리 지불한 임시전기요금 ○,○○○,○○○원 중 다 사용하지 못해 환급된 ○,○○○,○○○원은 건축주한테 입금이 되어 현재 피고가 보관하고 있으므로 원고에게 반환해야 할 의무가 있음을 인정합니다.

이 모든 금액을 합치더라도 ○○,○○○,○○○원 밖에 되지 않음에도 불구하고 원고는 ○○,○○○,○○○원이라는 터무니없는 금액을 청구하고 있어 피고로서는 인정할 수 없는 금액입니다.

나. 공사 미완성

원고는 소장 2. 나.에서 '공사를 완료하고 추가공사 중 일부만 남겨둔 채'라고 하였는데 이는 사실과 전혀 다릅니다.

먼저 공사를 완성하였다고 하였는데 원고가 미완성한 공사는 '베란다 새시, 야외 샤워장 및 화장실, 차고, 붙박이장, 야외수도시설 2곳, 각방 커튼, 베란다 도배공사, 강화마루공사, 대스리공사(옥상, 복도, 계단), 작은 방 2곳에 텔레비전 장식대, 옷장 및 이불장, 가동과 나동 사이 지붕 넥산 공사, 조경공사, 오물처리장, 세탁기 설치(세탁기 설치는 원고가 구두 약속한 부분입니다)'입니다. 원고와 피고는 공사기간을 ○○○○. ○○. ○○. ~ ○○○○. ○○. ○○.까지로 하였는데 원고는 계약서에서 정한 공사기간이 만료가 되었음에도 공사를 완료하지 못했으며 공사가 덜 마무리 된 상태에서 더 이상 영업개시시기를 늦출 수가 없어 미비한 부분을 피고가 대충 보완하여 ○○○○. ○○. ○○.준공검사를 받았습니다.

그러나 급한 마음에 준공검사만 받아 놓았으나 건물이 완공이 되지 않다보니 전혀 영업을 못하고 있는 형편입니다(을 제4호증의1 내지 18 각 사진 참조).

또한 '추가공사 중 일부만 남겨둔 채'라고 하였는데 원고와 피고가 추가공사에 대하여 합의한 것은 당초 철 계단을 콘크리트 계단으로 변경하는 것과 비가 오면 복도에 비가 떨어지므로 옥상 처마를 복도 쪽으로 약 ○○cm정도 밀어내는 변경을 하는 것이었습니다.

이 두 가지 이외에는 모두 원 계약에 모두 포함된 공사였음에도 마치 원고와 피고가 추가공사를 더 하기로 합의 한 것처럼 주장하여 추가공사비를 더 청구하려고 하고 있습니다.

4. 마무리 공사비용

원고가 공사를 마무리 하지 못하여 지금까지도 영업을 못하고 있으며 원고에게 공사를 마무리 할 것을 여러 차례 내용증명을 통하여 통고하였으나 원고는 더 이상 공사를 마무리 할 의사가 없어 피고가 공사를 마무리하기 위해 공사를 준비하고 있습니다.

피고의 남편 소외 ○○○가 공사 견적을 산출해 보니 새시 등 총 마무리 공사비용이 ○○,○○○,○○○원[그 중 ○○○,○○○원은 조경공사비(을 제5호증)로서 원고는 조경공사를 하지 않았으며 계약서 내역에 나와 있는 비용입니다]이었습니다.

또한 원고가 ○,○○○,○○○원 상당의 냉장고를 설치해 주기로 구두 약속하였는데 이 비용까지 합산하면 ○○,○○○,○○○원에 이릅니다.

그 중 새시 공사와 난간 데스리 공사는 피고가 이미 진행하여 그 금액이 ○,○○○,○○○원이 지불되었으며(을 제6호증의1, 2, 3), 나머지는 피고가 마무리 공사를 하기 위해서 공사 견적서를 의뢰하여 공사비용을 산출해 놓았습니다(을 제6호증의3, 을 제7호증, 을 제8호증의1, 2, 을 제9호증의1, 2 각 참조)

5. 하자보수비용

원고가 공사를 마무리 한 부분 중 보일러실 배관 및 바닥, 변기, 전기코드, 옥상방수공사, 보일러 중간벨브, 가로등 등 부분에서 하자가 발생하였습니다.

그러한 하자 부분에 대하여는 청구하지 않겠습니다.

6. 상계항변(미완성 공사부분)

그러므로 원고의 청구금액 중 피고가 인정하는 금액은 원고가 공사를 마무리하지 못하여 피고가 대신 마무리 공사를 하는 비용 및 공사가 계약한 날에 마무리 되지 못함으로 인하여 피고가 입은 영업손실금은 상계적상에 있으므로 대등액에 관하여 상계할 것을 이에 의사표시 합니다.

7. 결론

그렇다면 피고는 원고에게 금 ○○○,○○○원 외에는 지급할 의무가 없으므로 원고의 이 사건 청구는 위 금원청구 부분을 제외하고 이유가 없습니다.

존경하는 재판장님.

원고는 그동안의 최소한의 신뢰마저 위배하며 계약서까지 위조하는 등 너무도 부도덕한 청구를 하고 있습니다.

부디 혜안을 발휘하시어 원고의 청구를 기각하여 주시기 바랍니다.

소명자료 및 첨부서류

1. 을 제1호증   공사계약서
1. 을 제2호증   고소장
1. 을 제3호증   접수증
1. 을 제4호증   각 사진
1. 을 제5호증   공사내역서
1. 을 제6호증의1, 2, 3   견적서, 영수증, 사업자등록증
1. 을 제7호증   견적서
1. 을 제8호증의1, 2   견적서, 사업자등록증
1. 을 제9호증의1, 2   견적서, 사업자등록증

○○○○ 년 ○○ 월 ○○ 일

위 피고 : ○ ○ ○   (인)

광주지방법원 민사제○단독 귀중

【준비서면(2)】 대여금청구 원고가 피고의 변제주장과 관련하여 구체적으로 반박하고 원고청구를 인용해 달라는 준비서면

준 비 서 면

사건번호 : ○○○○가단○○○○호 대여금

원   고 : ○   ○   ○

피   고 : ○   ○   ○

○○○○ 년 ○○ 월 ○○ 일

위 원고 : ○   ○   ○   (인)

창원지방법원 민사제○단독 귀중

준 비 서 면

사건번호 : ○○○○가단○○○○호 대여금

원 고 : ○   ○   ○

피 고 : ○   ○   ○

위 사건에 관하여 원고는 피고의 ○○○○. ○○. ○○.자 답변과 관련하여 아래와 같이 변론을 준비합니다.(이 사건은 변론기일이 지정되지 않았습니다)

- 다   음 -

1. 사실관계의 정리

　가. 대여금 액수에 대하여

　　피고는 부산시 ○○구 ○○로 ○○에서"장원당구장"을 운영하였습니다. 그러던 중, 피고는 원고로부터 ○○○○. ○○. ○○. 금 3,500만원, ○○○○. ○○. ○○. 금 4,500만원 합계 금 8,000만원을 빌렸습니다.

　나. 다툼 없는 사실의 정리

　　피고는 ○○○○. ○○. ○○. 금 3,500만원을 빌렸다는 것을 인정하고 있으나, ○○○○. ○○. ○○. 금 4,500만원을 빌렸다는 사실은 이를 부인하고 있으며, 피고가 오히려 원고에게 금 ○○,○○○,○○○원을 원금과 이 자금 조로 변제하였다고 주장하고 있습니다.

다. 따라서 이 사건의 쟁점은 피고가 ○○○○. ○○. ○○. 금 3,500만원을 빌린 사실이 있는지, 피고가 원고에게 이자 및 원금의 상환조로 준 돈이 얼마인지라고 하겠습니다.

2. 금 4,500만원의 대여여부에 관하여

가. 피고의 주장

피고는 원고가 ○○○○. ○○. ○○. 위 장원당구장의 전세보증금으로 투자한 금 2,000만원과 권리금 2,500만원을 합한 금액에서 이 사건 장원당구장을 인수하기로 피고와 합의하였으나 이를 이행하지 않았으므로, 결과적으로 피고는 채무를 지지 않고 있다는 것입니다.

나. 피고 주장의 부당성

원고는 피고가 먼저 빌려간 금 3,500만원의 원금은커녕 이자의 지급마저 게을리 하고 있자, 이를 독촉하던 차에 피고가 자신에게 금 4,500만원을 추가로 빌려준다면 신한은행에 들고 있는 적금을 타면 원고에게 지급하겠다며 원고를 기망을 하였습니다.

이에 원고는 피고를 상대로 고소를 제기하여 수사기관에서 신한은행으로 확인한바(수사기록 78쪽 진술조서) 전혀 피고의 명의로 적금을 들지 않았다는 사실이 밝혀졌습니다.

3. 피고가 이자 및 원금상당의 금원을 변제하였는지

가. 피고의 주장

피고는 ○○○○. ○○. ○○.부터 ○○○○. ○○. ○○.까지 총액 금 ○○,○○○,○○○원을 갚았고 이것으로 이자뿐만 아니라 원금까지 변제되었다고 주장하고 있습니다.

나. 피고 주장의 부당성

그러나 피고는 증거로 장부를 제출하고도 도대체 어느 부분이 피고의 주장사실에 부합하는지 특정도 하지 않았으며, 게다가 위 장부와 사실확인서는 객관성도 없습니다.

원고는 총액 금 1,500여만 원 정도를 피고로부터 받은 사실은 있으나 이는 어디까지나 이자조로 받은 것이지 원금이 상환된 것도 아닙니다.

이것은 피고가 작성교부 한 각서에도 분명히 인정되고 있습니다.

4. 결론

결국 피고의 주장은 어느 것도 이를 인정할 만한 정도로 입증되지 않은 허위의 진술에 지나지 않습니다.

오히려 원고는 금 8,000만원이나 되는 거금을 빌려주고도 6년이 지난 현재까지 원금은커녕 이자도 제대로 받지 못하였습니다.

특히 원고가 빌려준 금 4,500만원은 원고가 친구인 소외 ○○○로부터 차용한 돈입니다.

원고는 친구의 빚 독촉에 못 이겨 동생 소외 ○○○의 집을 저당 잡혀 위 돈을 변제한 상태이며(수사기록 45쪽 금전소비대차약정서), 생활고로 하루하루 어려운 생활을 하고 있습니다.

따라서 원고의 권리회복을 위해 조속히 원고의 청구를 인용하여 주시기 바랍니다.

소 명 자 료 및 첨 부 서 류

1. 갑 제1호증   차용증
1. 갑 제2호증   수사기록

○○○○ 년 ○○ 월 ○○ 일

위 원고 : ○ ○ ○   (인)

창원지방법원 민사제○단독 귀중

【준비서면(3)】 대여금청구 피고의 항변에 대응하여 원고가 구체적으로 사실
관계를 정리해 제출하고 인용판결 준비서면

준 비 서 면

사건번호 : ○○○○가소○○○○호 대여금

원 고 : ○   ○   ○

피 고 : ○   ○   ○

○○○○ 년 ○○ 월 ○○ 일

위 원고 : ○ ○ ○   (인)

수원지방법원 오산시법원 귀중

준 비 서 면

사건번호 : ○○○○가소○○○○호 대여금

원 고 : ○   ○   ○

피 고 : ○   ○   ○

위 사건에 관하여 원고는 피고의 ○○○○. ○○. ○○.자 이행권고결정에 대한 이의신청서 및 답변서에 대하여 다음과 같이 변론을 준비합니다.

- 다 음 -

1. 피고의 ○○○○. ○○. ○○. 답변에 대한 주장요지를 정리하겠습니다.

   가. 피고는 원고로부터 이 사건 청구의 돈을 차용한 사실이 일체 없으므로 청구원인 사실은 전부 부인한다.

   나. 다만 피고의 어머니 ○○○가 피고 명의로 음식점사업자등록을 내고 식당을 운영하면서 피고 명의의 통장으로 거래를 한 것은 사실이다.라는 주장입니다.

2. 원고의 반박 요지

가. 이 사건 대여금

○ 피고의 어머니 소외 ○○○(이하 앞으로는'○○○'만으로 줄여 쓰겠습니다)가 장사를 하면서 많은 빚을 졌는데 자신의 이름으로는 식당을 운영할 수 없어서, 식당명의를 아들인 피고 앞으로 하고 식당을 하려고 하는데 식당운영자금을 발려달라고 했습니다.

○ 원고로서는 ○○○는 많은 채무를 부담하고 있었기 때문에 단호히 거절하였는데 피고의 명의로 돈을 빌리고 피고의 명의로 식당을 운영하고 피고 명의로 된 계좌로 변제하기로 하고 원고는 피고명의의 우리은행 계좌번호 ○○○-○○-○○○○○으로 ○○○○. ○○. ○○. 금 ○○,○○○,○○○원을 계좌이체 하고 피고에게 대여하였습니다.

○ 실제 피고의 명의로 식당에 대한 사업자등록이 되어 있었고, 계좌번호도 피고의 명의고 피고명의로 ○○○가 식당을 운영하기 때문에 믿고 돈을 빌려준 것입니다.

○ 원고는 위 식당에 대한 사업자등록이나 모든 입출금관리 계좌번호가 피고명의여서 피고의 명의로 돈을 빌려줘도 별 문제가 없을 것이라는 생각에서 돈을 빌려준 것입니다.

나. 피고의 일부변제

○ 피고는 위 변제기에 이르러 ○○○○. ○○. ○○.금 ○,○○○,○○○원만 피고가 직접 원고의 계좌로 지급하고 현재에 이르기까지 금 ○,○○○,○○○원을 지급하지 않고 있습니다.

다. 피고의 명의대여

○ 피고는 이 사건 답변서 나.항에서 '피고의 어머니 ○○○가 피고 명의로 음식점사업자등록을 내고 식당을 운영하면서 피고 명의의 통장으로 거래를 한 것은 사실이다.'라고 명의를 도용당한 것이 아니라 대여한 사실을 인정하고 있습니다.

○ 피고가 자신의 어머니에게 식당허가나 사업자등록 또는 피고 명의의 입출금통장을 개설하여 식당을 영업하고 모든 법적인 책임을 지는 조건으로 명의를 대여한 것입니다.

○ 자신의 명의를 어머니에게 대여하고 어머니가 자신의 명의로 식당 영업을 하면서 자신의 이름으로 돈을 빌린 것이므로 피고가 변제할 의무가 있습니다.

○ 그러나 피고는 쌓여가는 어머니의 빚 때문에 자신의 이름으로 식당을 운영하기 위해서 피고의 명의로 발생된 채무 또한 피고가 변제할 책임이 있습니다.

○ 피고는 어머니에게 명의를 빌려 주고 사업자등록을 내거나 통장을 개설하는데 대하여 사기나 강박 착오 등의 상황이 아니라면 피고의 명의로 된 채무는 피고가 변제하여야 합니다.

○ 가족 간이라 할지라도 피고의 어머니가 피고의 동의 없이 명의를 도용하여 발생된 원고의 채무라고 한다면 피고는 류선희를 사문서위조 및 위조사문서행사죄를 적용한 형사고소를 하였어야 하는데 피고는 아무런 조치를 취하지 않았습니다.

라. 피고의 변제의무

○ 피고의 이름으로 진 빚은 피고가 갚아야 합니다.

○ 부모가 자신의 명의로 카드를 발급받았지만, 실제 카드는 자식들이 사용했습니다. 그런데 부모가 노년에 개인파산을 인정받아 채무가 면제됐다면 자식이 쓴 카드 값도 카드사가 받을 수 없는지가 문제가 됐었습니다. 법원은"자녀가 실제 카드사용자라도 부모 명의로 카드가 발급된 이상 카드 값 채무 역시 부모의 몫"이라는 게 일관된 판례도 있습니다.

○ 민법은'계약 당사자주의'를 채택하고 있기 때문에 부모가 자신의 명의로 카드를 발급받은 이상 부모가 채무를 부담해야 한다는 것"이라고 설명했습니다.

○ 피고의 명의로 모든 거래가 이루어졌기 때문에 피고가 명의를 대여함으로써 원고가 피고의 명의로 금전을 거래한 이상 피고가 위 대여금을 변제할 의무가 있습니다.

○ 따라서 피고가 명의를 대여하지 않았다면 ○○○에게 금전거래를 하지 않았을 것이고 피고가 명의를 대여함으로써 원고가 피고에게 식당운영 자금으로 대여한 것이므로 피고가 지급해야 할 의무가 있습니다.

3. 결어

피고의 주장은 여러 모로 보아 전혀 이유가 없는 것이므로 원고의 청구를 인용하는 판결을 선고하여 주시기 바랍니다.

소명자료 및 첨부서류

1. 준비서면 부본   1통

○○○○ 년 ○○ 월 ○○ 일

위 원고: ○ ○ ○   (인)

수원지방법원 오산시법원 귀중

【준비서면(4)】 손해배상(기) 원고의 준비서면에 대한 피고가 반박하고 원고의 청구기각을 구하는 준비서면

준 비 서 면

사건번호 : ○○○○가소○○○○호　손해배상(기)

원　고 : ○　　　　○　　　　○

피　고 : ○　　　　○　　　　○

○○○○ 년 ○○ 월 ○○ 일

위 피고 : ○　　○　　○　　　(인)

인천지방법원 부천지원 귀중

준 비 서 면

사건번호 : ○○○○가소○○○○호 손해배상(기)

원 고 : ○   ○   ○

피 고 : ○   ○   ○

위 사건에 관하여 피고는 원고의 ○○○○. ○○. ○○.자 준비서면에 대하여 아래와 같이 변론을 준비합니다.(이 사건 변론기일은 ○○○○. ○○. ○○. 오전 10:00시입니다.)

- 다 음 -

1. 피고는 이 사건 소장에 대한 답변서에 이어 원고의 청구와 관련하여 변론의 요지를 다음과 같이 정리하겠습니다.

2. 원고 청구의 요지

　가. 원고는 겨울에 눈이 오면 즉시 눈을 치워야 함에도 그대로 방치하여 타일이 얼어 금이 가고 깨어져서 이를 철거하고 재시공하는데 금 250만 원,

　나. 거실과 방에 난방용으로 시공된 연탄화덕에 대하여 장기간 사용하지 않으면서도 관리하지 않고 방치하여 새로운 화덕으로 바꾸고 수리하는데 금 60만 원,

다. 겨울철에 밖에 있는 화장실에 대하여 물을 빼놓아야 함에도 이를 그대로 방치하여 겨울에 얼어 터져 이를 교체하는데 금 25만 원, 황토방에 땔감으로 사용하기 위해 모아둔 화목 중, 8톤 정도를 피고가 임의적으로 사용하여 화목 금 200만 원을 포함하여 총 금 535만 원에 이르고 있다.

라. 정신적 피해 금으로 200만 원을 포함하여 피고에게 총 금 7,500,000원을 청구하고 있습니다.

3. 피고의 항변 요지

가. 임대차보증금반환의 과정

피고는 이 사건 부동산에서 거주하는 동안 아무런 문제도 없었고 또한 피고와 원고 사이에 체결한 이사건 부동산에 대한 임대차계약기간이 ○○○○. ○○. ○○.에 종료되는데 피고에게 급박한 사정이 생겨서 원고와의 합의해약하기로 하고 피고로서는 새로운 곳으로 ○○○○. ○○. ○○.경 이사를 하였음에도 불구하고 원고가 장기간 동안 임대차보증금을 반환하지 않아 어쩔 수 없이 피고는 원고를 상대로 임대차보증금반환청구소송을 ○○○○. ○○. ○○.경 제기하여 피고가 승소하였음에도 원고가 끝내 임대차보증금을 반환하지 않는 바람에 피고가 ○○○○. ○○. ○○.강제경매를 실시하자 원고는 ○○○○. ○○. ○○.피고의 계좌번호로 임대차보증금을 반환하였던 것입니다.

나. 원고의 앙심

원고는 피고가 이 사건 부동산을 계약기간 동안 아무런 사용상의 문제가 없었으며 피고가 이사를 한 후로도 계속해서 임대차보증금을 반환하지 않는 바람에 피고로서는 다른 집으로 이사를 한 상태에서 어쩔 수 없이 원고를 상대로 임대차보증금반환청구소송을 제기하면서부터 앙심을 품고 있지도 않고 증명도 되지 않는 하자를 마치 피고가 수리를 해야 하는 것처럼 주장하고 있지만 전혀 피고는 수리해야 할 책임도 잘못 한 것이 없습니다.

덧붙여 계속해서 임대차보증금을 지급하라는 판결을 받았음에도 지급하지 않아 강제경매를 진행한 것에 대한 앙심을 품고 피고를 그냥 놔두지 않겠다는 소문까지 무성했습니다.

다. 원고 억지주장

원고는 피고가 보수해야할 책임이 있다면 피고가 ○○○○. ○○. ○○.경 이 사건 부동산에서 다른 곳으로 이사를 했을 때도 원고는 이 사건 부동산을 피고로부터 인도받으면서 하자에 대해서 전혀 거론하지 않았습니다.

또 피고가 ○○○○. ○○. ○○.경 이사를 한 이후 ○○○○. ○○. ○○. 강제경매에서 임대차보증금을 다 받을 때까지 약 ○○개월이 넘도록 원고는 하자나 수리에 대해 한마디도 없었습니다.

따라서 원고의 주장이 사실이라면 피고가 ○○○○. ○○. ○○.경 다른 곳으로 이사 갈 때 원고가 이사건 부동산을 피고로부터 인도받을 때 원고는 아무런 이상 없이 인도받았고 보수의 내용도 없었습니다.

라. 피고의 항변

피고는 이 사건 부동산을 원고로부터 인도받아 입주할 때 별지 첨부한 현황사진과 같이 아무런 이상이 없었고 또 이사를 나가면서 촬영한 현황사진에서도 밝혀지는 바와 같이 아무런 이상이 없었고 원고가 주장하는 보수나 교체와 관련해 문제는 전혀 없었습니다.

한편 피고에게 그러한 보수나 수리를 해야 할 의무가 존재하였다면 원고와 피고는 ○○개월 동안 법정에서 임대차보증금반환소송에서부터 강제경매에 이르기까지 수도 없는 다툼을 하는 과정에서 원고가 이를 상계하거나 그때 수리비용을 공제를 주장하거나 자신의 주장을 하였을 텐데 원고는 장기간 동안 아무런 주장을 하지 않고 있다가 피고에게 임대차보증금을 모두 반환한지 1년 가까이 지난 ○○○○. ○○. ○○.에 이르러 피고에게 내용증명을 발송하면서 이 사건 보수를 운운하면서 주장하기 시작한 것이므로 원고의 주장은 여러모로 보나 많은 기간이 흘렀기 때문에 원고의 억지주장이거나 아니면 조작한 것에 불과합니다.

또한 피고는 다시 말씀드리지만 별지 첨부한 현황사진과 같이 원고의 주장은 찾아 볼 수 없을 정도로 정말 깨끗이 사용했다고 자부할 수 있습니다.

모두 원고가 앙심을 품고 조작하거나 억지주장에 불과합니다.

4. 결론

1) 원고의 주장은 1년이 넘도록 아무런 문제가 없었던 이 사건 부동산에 대한 하자는 건물의 노후화로 발생한 것입니다.

피고의 사용상의 문제는 절대 아닙니다.

피고의 잘못으로 일어난 보수였다면 원고가 이 사건 부동산을 피고가 다른 곳으로 이사할 때 원고가 발견하지 못했을 리 없습니다.

원고는 피고가 이 사건 부동산을 원고에게 아무런 문제없이 인도한지 1년가량 지난 지금에 이르러 강제경매를 진행한 피고에 대한 앙심을 품고 조작하거나 허위날조 된 억지주장을 하고 나선 것입니다.

2) 피고는 이 사건 부동산을 원고로부터 인도받아 입주한 이래 원고가 주장하는 장작을 사용한 사실도 없고 원고에게 다시 인도하면서까지 불을 땐 적도 없습니다.

그러므로 원고가 장작을 사용했다는 주장도 거짓말입니다.

원고는 피고가 마치 사용하지 않고 방치하여 관리하지도 않았다는 주장만 보더라도 피고는 원고의 장작을 사용한 사실을 찾아 볼 수 없습니다.

3) 피고는 원고의 이 사건 부동산인 전원주택에 대하여 익숙하지 못할 뿐만 아니라 외부에 설치된 화장실은 피고가 사용한 사실도 전혀 없고 임차인에게 동파를 방지해야 할 의무는 없습니다.

4) 원고의 주장은 허무맹랑한 억지주장으로 전부 강제경매를 실시했다는 피고에 대한 앙심으로 조작한 주장입니다.

피고가 사용상의 보수문제가 발생하였다면 원고가 이 사건 부동산을 인도받은 후 1년이 가깝도록 발견하지 못하고 이제야 피고에게 이 사건 청구를 하는 것도 의문스럽습니다.

5) 피고로서는 원고가 억지주장을 할 것이 아니라 외부 전문기관 또는 감정결과에 의하여 피고가 거주하면서 발생된 것으로 원고가 스스로 증명을 하여야 합니다.

피고는 원고로부터 이 사건 부동산을 인도받은 현상 그대로 다른 곳으로 이사를 하면서 원고에게 인도하였던 것입니다.

원고가 이 사건에서 보수하였다는 것은 스스로 자신의 노후화 된 부분을 보수한 것에 불과합니다.

그리고 피고가 임대차보증금반환청구소송을 제기한 것이나 승소판결을 받아 이 사건 부동산을 강제경매 한 것에 대한 좋지 않은 감정을 품고 의도적으로 피고에게 그 책임을 뒤집어씌우는 것입니다.

원고의 주장은 모두 거짓말이며, 전부다 원고가 꾸며낸 억지주장이므로 원고의 청구를 기각하여 주시기 바랍니다.

소 명 자 료 및 첨 부 서 류

1. 입주 시 촬영한 현황사진   1매
1. 이사하면서 촬영한 현황사진   1매

○ ○ ○ ○ 년 ○ ○ 월 ○ ○ 일

위 피고 : ○   ○   ○   (인)

인천지방법원 부천지원 귀중

【준비서면(5)】 기타 금전 원고의 부당한 청구에 대한 피고가 재반박하고 청구기각을 구하는 준비서면

준 비 서 면

사건번호 : ○○○○가소○○○○호　기타(금전)

원　　고 : ○　　　　○　　　　○

피　　고 : ○　　　　○　　　　○

○○○○ 년 ○○ 월 ○○ 일

위 피고 : ○　　○　　○　　(인)

대전지방법원 민사제○단독 귀중

준 비 서 면

사건번호 : ○○○○가소○○○○호   기타(금전)

원   고 : ○   ○   ○

피   고 : ○   ○   ○

위 사건에 관하여 피고는 원고의 준비서면에 대한 반박준비서면을 제출합니다.

- 다   음 -

1. 이 사건 개발부담 금에 대하여

가. 부동산에 대하여 형질·용도변경이 되는 토지개발 사업에 징수하는 부담금을 개발부담 금입니다.

개발부담 금은 토지의 형질변경이나 용도변경을 수반하는 개발사업의 시행자로부터 징수하는 부담금 형태의 공과금입니다.

나. 개발 사업이 완료된 토지의 가격에서 개발 사업을 하기 전의 토지가격과 토지개발에 소요된 비용 및 사업기간 동안의 정상지가 상승분을 공제한 나머지(개발이익)에서 25%를 징수하도록 규정되어 있습니다.

다. 개발부담 금의 성격이나 토지의 형질변경 등으로 생기는 개발이익 중 일정한 비율을 환수하는 제도로서 개방부담 금은 원고들의 의무사항이고 귀속되는 것이지 피고가 이 사건 토지를 매매하면서 원고들에 대한 개발부담 금까지 책임지기로 한 것 자체가 문제가 있습니다.

라. 소결

피고는 가정주부로서 개발부담 금이라는 용어자체가 생소하고 문외한이라 착오를 일으킨 것일 뿐 실제 피고가 원고들에 대한 개발부담 금을 부담해야 하는 것은 아닙니다.

원고들은 이 사건 토지를 피고로부터 매입하여 이미 전원주택 등의 개발사업이 완료된 토지의 가격에서 개발 사업을 하기 전의 토지가격과 토지개발에 소요된 비용 및 사업기간 동안의 정상지가 상승분을 공제한 나머지 개발이익에서 일정비율을 개발부담 금으로 징수하는 것이고 설사 피고가 개발부담 금을 책임지고 처리하겠다고 특약사항에 기재되었다고 하더라도 원고들의 개발부담 금까지 피고가 지급해야할 의무는 없습니다.

2. 피고는 원고들에게 개발부담 금을 책임지기로 한 사실 없습니다.

가. 피고는 갑제3-3호중 토지매매계약서와 같이 이 사건 토지를 ○○○○. ○○. ○○.소외 ○○○에게 매매하면서 개발부담 금 발생 시 책임지고 처리한다는 특약한 사실은 있고 원고들에게 이 사건 토지의 소유권이전등기가 경료 되었다고 하더라도 피고는 원고들에게까지 개발부담 금을 책임지고 처리하겠다고 승낙한 사실이 없으므로 원고들의 주장은 이유 없습니다.

나. 매매계약서에 대한 소외 ○○○와의 특약사항이 미등기전매 된 원고들에게
   까지 특약사항에 대한 효력이 미치는지 또는 피고에게 승낙을 받지 않고도
   특약사항이 승계될 수 있는지는 재판장님의 뜻에 따르겠습니다.

3. 원고들의 주장

가. 원고들은 자신들에 대한 이 사건 토지에 대한 개발이익에 따른 개발부담
   금이므로 응당 원고들이 부담하는 것이 맞습니다.

   그러나 원고들은 피고와 소외 ○○○ 사이에 체결한 갑제3-3호증의 매매계
   약서상에 피고가 개발부담 금을 책임지고 처리한다는 특약에 기하여 자신
   들의 개발부담 금을 피고에게 청구하려고 출발한 것입니다.

나. 피고로서는 원고들의 개발부담 금은 원고가 이 사건 토지에 이미 전원주택
   을 건축하는 등 개발 사업이 완료된 토지의 가격에서 개발 사업을 하기 전
   의 토지가격과 토지개발에 소요된 비용 및 사업기간 동안의 정상지가 상승
   분을 공제한 나머지 개발이익에서 일정비율을 개발부담 금으로 징수하는
   것이므로 설사 피고가 개발부담 금을 책임지고 처리하겠다는 문구에 의하
   여 피고에게 통지하고 피고가 처리하도록 하였어야 함에도 불구하고 원고
   들은 장시간 동안 방치하고 연락을 하지 않는 바람에 피고는 개발부담 금
   에 대한 구제절차를 거치지 못한데 대한 책임은 고지를 받은 원고들에게
   있는 것입니다.

다. 피고와의 최초로 매매계약을 체결한 소외 ○○○도 피고도 원고들도 이 사건
   토지에 대한 매매계약을 체결하기 이전 이후에 ○○시청으로 민원을 제기하
   는 등 확인한 후에 이 사건 토지에 대한 개발부담 금이 부과되지 아니한다는

공문도 받고 이루어진 계약에 대해 개발부담 금이 부과된 것이라면 가장 먼저 피고에게 연락을 하고 피고로 하여금 책임지고 처리하도록 하였어야 하는데 원고들은 개발부담 금에 대한 고지를 받고도 즉시 피고에게 전달하고 피고로 하여금 ○○시청에서 보내온 공문의 내용과 달리 개발부담 금이 부과되었으므로 이의신청이나 행정심판 또는 행정소송의 구제절차를 거쳐 취소할 수 있도록 하였어야 하는데 원고들이 스스로 행정구제절차의 기간을 도과하였기 때문에 이 모두가 원고들의 책임이지 피고의 책임은 아닙니다.

4. 원고들의 문자송신 주장과 관련하여

가. 원고들은 이 사건 지급명령신청을 제기한 이후 피고의 남편인 소외 ○○○에게 행정구제절차기간이 도과하도록 아무런 연락을 하지 않고 있다가 전화하여 개발부담 금을 보내달라며 원고의 계좌번호를 송신하는 것이 전부입니다.

나. 하물며 피고와 소외 ○○○와 체결한 이 사건 매매계약서에는 피고의 휴대전화와 남편의 휴대전화가 나란히 적혀 있었는데 유독 남편의 휴대전화로 개발부담 금에 대한 문자송신을 한 것만 보더라도 이는 소외 ○○○와 체결한 계약서에 특약사항을 원용하여 피고를 상대로 원고들의 개발부담 금의 지급을 청구한 것이므로 이유가 없다 할 것입니다.

다. 원고는 피고가 답변서에서도 밝힌 바와 같이 구체적인 답변은 하지 않은 채 피고의 남편에게 개발부담 금의 보내달라는 문자송신을 하였으므로 응당 피고가 자신들의 개발부담 금을 지급하기로 한 것인 양 포장을 하고 있습니다.

4. 결론

가. 이 사건 토지와 관련하여 피고가 소외 ○○○와의 체결한 ○○○○. ○○. ○○.자 특약사항에 기하여 개발부담 금은 피고가 책임지고 처리한다는 문구는 소외 ○○○와의 매매계약에 한하는 것이지 소외 ○○○로부터 미등기전매 한 원고들에게까지 이 특약사항의 승계를 원인으로 한 원고들의 이 사건 청구는 이유 없는 것입니다.

나. 설사 승계주장을 받아들인다고 하더라도 개발부담 금은 원고들이 이 사건 토지에 고급 전원주택 건축함으로써 토지의 가격에서 개발 사업을 하기 전의 토지가격과 토지개발에 소요된 비용 및 사업기간 동안의 정상지가 상승분을 공제한 나머지 개발이익을 일정비율을 개발부담 금으로 징수하는 것인 이상 원고들에게 귀속되는 것인데 부동산과 지방세에 문외한인 피고는 앞서 ○○시청에서 개발부담 금이 부과되지 않는다는 공문도 읽어 소외 ○○○와의 매매계약서에 착오로 처리한다고 기재한 것이므로 무효입니다.

다. 또한 원고들은 피고에게 소외 ○○○와의 매매계약상의 특약을 원용하여 개발부담 금을 청구하려면 먼저 피고가 개발부담 금을 책임지고 처리한다는 내용을 원용하여 피고가 처리하도록 즉시 연락하고 피고로 하여금 행정구제절차를 거칠 수 있도록 하였어야 함에도 원고들은 행정구제절차의 기간이 모두 도과한 그 이후까지도 아무런 연락을 하지 않았기 때문에 이 또한 원고들의 책임입니다.

라. 피고로서는 앞서 답변서에서도 진술한 바와 같이 이 사건 매매계약서에 특약으로 개발부담 금은 책임지고 처리한다는 문구에 비하면 원고들의 책임이 너무나 과중함을 지적하고 이 사건 개발부담 금에서 피고가 30%를 지

급하는 선에서 해결했으면 좋겠다고 하였던 것입니다.

마. 그러나 원고들의 주장은 사실관계에 반하고 이치에 어긋나는 자신들에게 귀속되는 개발부담 금을 가정주부인 피고가 부동산 거래에 잘 알지 못한다고 해서 청구한다는 것은 도저히 이해할 수 없는 것이기에 앞서 피고가 일부 부담하겠다는 의사표시 또한 철회하고자 하오니 원고들의 청구를 기각하여 주시기 바랍니다.

○○○○ 년 ○○ 월 ○○ 일

위 피고 : ○   ○   ○   (인)

대전지방법원 민사제○단독 귀중

【준비서면(6)】 원고가 피고의 터무니없는 억지주장에 반박하고 인용판결을
구하는 준비서면

준 비 서 면

사건번호 : ○○○○가소○○○○호 대여금

원   고 : ○   ○   ○

피   고 : ○   ○   ○

○○○○ 년 ○○ 월 ○○ 일

위 원고 : ○   ○   ○   (인)

부산지방법원 민사 제○단독 귀중

준 비 서 면

사건번호 : ○○○○가소○○○○호 대여금

원   고 : ○   ○   ○

피   고 : ○   ○   ○

위 사건에 관하여 원고는 피고의 ○○○○. ○○. ○○.자 답변서에 대하여 아래와 같이 변론을 준비합니다.(이 사건 변론기일은 ○○○○. ○○. ○○. 오전 ○○:○○시입니다.)

- 다 음 -

1. 사실관계의 정리

   가. 대여금 액수에 대하여,

      피고는 부산시 ○○구 ○○로 ○○,에서'마름네식당'을 운영하였습니다.

      그러던 중, 피고는 원고로부터 ○○○○. ○○. ○○. 금 10,000,000원, ○○○○. ○○. ○○. 금 15,000,000원 합계 금 25,000,000원을 빌렸습니다.

   나. 다툼 없는 사실의 정리

      피고는 ○○○○. ○○. ○○. 금 15,000,000원을 빌렸다는 것을 인정하고 있으나, ○○○○. ○○. ○○. 금 10,000,000원을 빌렸다는 사실은 이를 부인하고 있으면서 피고가 오히려 원고에게 금 30,000, 000원을 원금과 이자조로 변제하였다고 주장하고 있습니다.

다. 따라서 이 사건의 쟁점은 피고가 ○○○○. ○○. ○○. 금 10,000,0 00원을 빌린 사실이 있는지, 피고가 원고에게 이자 및 원금의 상환조로 준 돈이 얼마인지라고 하겠습니다.

2. 금 2,500만 원 대여여부에 관하여

가. 피고의 주장

피고는 원고가 ○○○○. ○○. ○○. 위 식당의 전세보증금으로 투자한 금 1,800만원과 권리금 1,000만원을 합한 금액에서 금 300만원을 뺀 금 2,500만원에 이 사건 식당을 인수하기로 피고와 합의하였으나 이를 이행하지 않았으므로, 결과적으로 피고는 채무를 지지 않고 있다는 것입니다.

나. 피고 주장의 부당성

원고는 피고가 먼저 빌려간 금 2,500만원의 원금은커녕 이자의 지급마저 게을리 하고 있자, 이를 독촉하던 차에 피고가 자신에게 금 3 ,500만원을 추가로 빌려준다면 소외 ○○○에게 들고 있던 계금 5 ,400만원의 명의를 원고에게 이전시켜 주겠다고 기망하였습니다.

이에 원고는 소외 ○○○로부터 피고가 위 계원으로 있는지 확인(수사기록 78면, 진술조서)을 하였고, 기존에 빌려주었던 금 2,500만원까지 확보하겠다는 욕심에 친구로부터 금 4,000만원을 차용하여 피고에게 금 2,500만원을 빌려 주었던 것입니다.

그러나 피고는 위 계금을 성실히 납부하지 않았고 원고는 빌려준 금 2,500만원을 위 계금으로 충당하지 못하게 된 것입니다.

3. 피고가 이자 및 원금상당의 금원을 변제하였는지

가. 피고의 주장

피고는 ○○○○. ○○. ○○.부터 ○○○○. ○○. ○○.까지 총액 금 ○○,○○○,○○○원을 갚았고 이것으로 이자뿐만 아니라 원금까지 변제되었다고 주장하고 있습니다.

나. 피고 주장의 부당성

그러나 피고는 증거로 장부를 제출하고도 도대체 어느 부분이 피고의 주장 사실에 부합하는지 특정도 하지 않았으며, 게다가 위 장부와 사실확인서는 객관성도 없습니다.

원고는 총액 금 1,500여만 원 정도를 피고로부터 받은 사실은 있으나 이는 어디까지나 이자조로 받은 것이지 원금이 상환된 것도 아닙니다.

이것은 각서 상으로도 분명히 인정되고 있습니다.

4. 결론

결국 피고의 주장은 어느 것도 이를 인정할 만한 정도로 입증되지 않은 허위의 진술에 지나지 않습니다.

오히려 원고는 금 6,000만원이나 되는 거금을 빌려주고도 6년이 지난 현재까지 원금은커녕 이자도 제대로 받지 못하였습니다.

특히 원고가 빌려준 금 2,500만원은 원고가 친구인 소외 ○○○로부터 차용한 돈입니다.

원고는 친구의 빚 독촉에 못 이겨 동생 소외 ○○○의 집을 저당 잡혀 위 돈을 변제한 상태이며(수사기록 45면, 금전소비대차약정서), 생활고로 하루하루 어려운 생활을 하던 중 자살까지 기도하였습니다.

따라서 원고의 권리회복을 위해 조속히 원고의 청구를 인용하여 주시기 바랍니다.

소명자료 및 첨부서류

1. 갑 제1호증   입출금내역서 및 거래한 내역

○○○○ 년 ○○ 월 ○○ 일

위 원고 : ○ ○ ○ (인)

부산지방법원 민사 제○단독 귀중

【준비서면(7)】 원고가 피고들의 억지주장과 관련하여 구체적으로 반박하는
준비서면 최신서식

준 비 서 면

재판장확인
· · ·
·················
·······

사건번호 : ○○○○나○○○○호 대여금

원   고 : ○   ○   ○

피   고 : ○   ○   ○

부본영수
· · ·
·················
·······

○○○○ 년 ○○ 월 ○○ 일

위 원고 : ○ ○ ○ (인)

광주지방법원 제○민사부 귀중

준 비 서 면

사건번호 : ○○○○나○○○○호 대여금

원 고 : ○   ○   ○

피 고 : ○   ○   ○

위 사건에 관하여 원고는 다음과 같이 변론을 준비합니다.

- 다   음 -

1. 소송행위 추완 기간의 도과여부

가. 원고의 주장

○ 원고는 피고 ○○○이 소송을 제기하면서 이 사건 재판에 관한 사건일 반 내용을 증거서류로 제출하였으므로 피고 ○○○은 증거서류 제출 당시 이 사건 원심 재판결과를 명백히 인지하고 있었고 피고 ○○○도 어머니인 ○○○으로부터 원심 재판 진행사실을 인지하였음이 분명함에도 추완 기간 후에 항소장을 제출하였으므로 이 사건의 항소는 각하되어야 한다고 주장합니다.

나. 피고들의 부지

○ 그러나 피고 ○○○은 ○○○○. ○○. ○○.경 자신의 채권자인 소외

○○○으로부터 채무이행의 독촉을 받던 중 자신들이 피고 ○○○명의로 면책확인의 소를 진행할 테니 인지대와 송달료 등의 소송비용을 달라고까지 하였고, 이에 피고 ○○○은 그런 소송을 할 필요 없어 돈을 못 준다고 하였습니다.

○ 소외 ○○○은 피고 ○○○에게 다른 채권자들의 채권추심 및 독촉을 막게 해준다며 피고 ○○○에게 도장을 달라고 하여 이를 전달하였고 소외 ○○○은 그후 피고 ○○○과 어떠한 논의를 함이 없이 독자적으로 피고 ○○○명의로 이 사건 소송을 진행한 것이고 증거들에 대한 제출도 소외 ○○○과 피고 ○○○만이 결탁하여 이루어진 것에 불과합니다.

2. 피고 ○○○이 자신의 채권을 원고에게 양도하여 채무가 부존재하는지 여부

가. 원고의 주장

○ 원고는 피고 ○○○이 소외 ○○○으로부터 돈을 받아가라고 하였고, 이에 원고ㅆ가 피고 ○○○의 채권을 압류한 것이지 채권양도가 있었던 것은 아니라고 주장합니다.

나. 채권양도 또는 대물변제 사실

○ 그러나 을제○호증 및 같은 제○증의 각서내용에 의하면 피고 ○○○의 채무자 ○○○가 채권자이고, 피고 ○○○이 아닌 각서에 첨부된 명단 중에서 원고에게 변제할 것을 약속하였고, 을 제○호증의 변제서약서 기재내용에 의하면 소외 ○○○은 피고 ○○○ 채무자 ○○○의 남편으로서 ○○○의 채무 전액을 보증하여 채무액을 매달 원고 명의의 은행계좌에 입금할 것을 서약한 것입니다.

○ 이러한 각서나 서약의 내용은 피고 ○○○이 원고에게 채권양도를 한 것 또는 피고 ○○○의 채무자들이 피고 ○○○에게 변제하는 대신 원고에게 변제를 약속한 전제하에 작성된 것임이 분명합니다.

3. 피고 ○○○가 피고 ○○○에게 대리권을 수여한 것인지 여부

가. 원고의 주장

○ 원고는 피고 ○○○가 미성년자가 아니므로 피고 ○○○이 피고 ○○○ 몰래 도장을 날인한 것이 아니라고 주장합니다.

나. 위임이나 혹은 대리권 수여의 부재

○ 더군다나 피고 ○○○가 연대보증계약서에 직접 날인행위를 한 바 없다는 사실을 원고도 인정하는 바와 같으므로 다툼의 대상이 아닙니다.

○ 그리고 날인행위가 작성명의인인 피고 ○○○ 이외의 자에 의하여 도용되었을 뿐 피고 ○○○이나 ○○○이 도장을 사용하는데 있어 ○○○가 ○○○에게 그 어떤 식으로도 대리권을 주거나 위임을 한 사실이 없습니다.

○ 연대보증서에 기재된 피고 ○○○ 이름도 소외 ○○○이 임의로 쓴 것이므로 피고 ○○○의 필적이 아닌 피고 ○○○의 필적입니다.

4. 결론

항소이유서 기재내용과 피고 ○○○이 원고의 요구로 자신의 아들인 피고 ○○○의 도장을 임의로 사용하여 기명날인하던 그 당시에 피고 ○○○ 자신의 어머니인 피고 ○○○이 원고에게 채무가 있다는 사실 자체는 물론 자신의 도장이 임의로 사용되었다는 사실을 전혀 알지 못했습니다.

소명자료 및 첨부서류

1. 갑 제○호증   서약서

○○○○ 년 ○○ 월 ○○ 일

위 원고 : ○ ○ ○   (인)

광주지방법원 제○민사부 귀중

【준비서면(8)】 구상금청구 원고의 준비서면에 대한 청구기각을 구하는 피고의
반박 준비서면 최신서식

준 비 서 면

사건번호 : ○○○○가단○○○○호 구상금

원   고 : ○   ○   ○

피   고2 : ○   ○   ○

○○○○ 년 ○○ 월 ○○ 일

위 피고2 : ○   ○   ○   (인)

진주지원 민사 제2단독 귀중

준 비 서 면

사건번호 : ○○○○가단○○○○호 구상금

원   고 : ○   ○   ○

피 고2 : ○   ○   ○

위 사건에 관하여 피고2는 원고의 ○○○○. ○○. ○○.자 준비서면에 대하여 아래와 같이 변론을 준비합니다.(이 사건 변론기일은 ○○○○. ○○. ○○.오전 11:10분입니다.)

- 다   음 -

1. 기초사실

가. 피고2의 피고1에 대한 대여금

○ 피고2는 ○○○○. ○○. ○○. 피고1에게 금 120,000,000원을 빌려주면서 차용증을 교부받고 위 120,000,000원은 피고2가 ○○○○. ○○. ○○. 15:52에 피고1의 주거래은행인 하나은행 계좌로 금 100,000,000원을 송금하였고, 같은 방법으로 금 20,000,000원을 송금하여도 합계 금 120,000,000원을 송금하고 대여한 대여금입니다.

○ 피고1이 위 대여금을 지급하지 않고 있어 피고1의 주소지 등기부등본을 발급받아 확인했는데 당시 이 사건 피고1의 소유인 아파트는 ○○.○○

○㎡로서 피고2가 알아본바 시가 1억 5,000여만 원인데 비하여 이미 ○○○○. ○○. ○○.자로 ○○세무서에서 국세체납으로 압류되어 있었고, 그 이전인 ○○○○. ○○. ○○.농협은행에서 채권최고액 금 148,800,000원의 근저당권이 1번으로 설정되어 있었고, ○○○○. ○○. ○○.주식회사 ○○대부에서 채권최고액 금 37,500,000원의 2번 근저당권이 설정되어 있었기 때문에 피고2로서는 도저히 위 대여금을 회수하기에 막연하다고 생각하고 피고1의 위 아파트에 대하여 ○○○○. ○○. ○○.근저당권을 설정한 것입니다.

나. 소의 적법여부

○ 원고는 이 사건 근저당권설정계약이 사해행위임을 이유로 수익자인 피고2와 채무자인 피고1을 상대로 하여서도 그 취소를 구하고 있으나, 사해행위취소소송은 수익자나 전득자를 상대로 하여야 하는 것으로서 당사자적격이 없어 부적법합니다.

다. 원고의 주장

○ 원고는, 피고1에 대한 ○○○○. ○○. ○○.신용보증사고로 발생하였는데 ○○○○. ○○. ○○.이 사건 부동산에 대하여 강제집행을 예상하고 자신의 지인 피고2와 근저당권설정 계약을 체결하고 피고2에게 근저당권설정등기를 경료 해 주어 사해행위가 해당하고,

○ 그 사해행위의 수익자인 피고2 역시 원고를 해하는 사정을 인식하고 근저당권설정계약이라는 수단을 이용하여 자신의 명의로 이 사건 근저당권설정등기를 경료 받은 악의의 수익자라 취소를 구하고 있습니다.

2. 피고2의 항변

가. 사해행위가 되지 않습니다.

○ 채권자인 피고2가 채무자인 피고1에게 채무의 변제를 구하는 것은 당연한 권리행사로서 다른 채권자가 존재한다는 이유로 이것이 방해받아서는 아니 됩니다.

○ 채무자인 피고1도 채무의 본지에 따라 채무를 이행할 의무를 부담하고 있습니다.

○ 다른 채권자가 있다는 이유로 그 채무이행을 거절하지는 못하므로, 피고1이 채무초과의 상태에서 피고2에게 이 사건 근저당권을 설정함으로써 다른 채권자의 공동담보가 감소하는 결과가 되는 경우에도 그 근저당권설정계약은 피고1이 피고2와 통모하여 다른 채권자를 해할 의사를 가지고 근저당권설정계약을 한 경우가 아닌 한 원칙적으로 사해행위가 되지 않습니다.

나. 원고의 증명책임

○ 채무자인 피고1이 특히 일부의 채권자인 피고2와 통모하여 다른 채권자를 해할 의사를 가지고 변제 내지 근저당권설정계약을 하였는지 여부는 사해행위임을 주장하는 원고가 증명하여야 합니다.(대법원 2004. 5. 28. 선고 2003다60822 판결 참조)

다. 소결론

(1) 피고2는 ○○○○. ○○. ○○.피고1에게 금 120,000,000원을 빌려주고 차용증을 교부받은 채권자입니다.

(2) 위 대여금은 피고2가 ○○○○. ○○. ○○. 15:52에 피고1의 주거래은
행인 하나은행 계좌로 금 100,000,000원을 송금하였고, 같은 방법으로
금 20,000,000원을 송금하여 도 합계 금 120,000,0 00원을 송금하여 대
여한 사실은 온라인 송금영수증에서 밝혀지고 있습니다.

(3) 이 사건 피고1의 소유인 아파트는 피고2가 3번 근저당권을 설정할 때
이미 ○○○○. ○○. ○○.자로 ○○세무서에서 국세체납으로 압류되어
있었고, 그 이전인 ○○○○. ○○. ○○.농협은행에서 채권최고액 금
148,800,000원의 근저당권이 1번으로 설정되어 있었고, ○○○○. ○○.
○○.주식회사 ○○대부에서 채권최고액 금 37,500,000원의 2번 근저당
권이 설정되어 있었기 때문에 채무초과상태에 있었습니다.

(4) 피고2는 채권자로서 채무자인 피고1에게 위 대여금에 대한 변제를 구
하는 것은 당연한 권리행사로서 다른 채권자가 존재한다는 이유로 이
것이 방해받아서는 아니 되고, 채무자인 피고1도 채무의 본지에 따라
채무를 이행할 의무를 부담함으로써 다른 채권자가 있다는 이유로 그
채무이행을 거절하지는 못하므로, 피고1이 전항과 같이 채무초과의 상
태에서 피고2에게 이 사건 근저당권을 설정함으로써 다른 채권자의 공
동담보가 감소하는 결과가 되는 경우에도 이 사건 근저당권설정계약은
피고1이 피고2와 통모하여 다른 채권자를 해할 의사를 가지고 근저당
권설정계약을 한 경우가 아니므로 사해행위가 될 수 없습니다.

3. 결어

가. 피고2가 피고1에게 ○○○○. ○○. ○○. 15:52에 피고1의 주거래은행인 하
나은행 계좌로 금 100,000,000원을 같은 방법으로 금 20,000 ,000원을 송금

하고 대여한 채권자입니다.

나. 그러므로 피고2는 피고1에게 위 대여금청구채권을 가지고 있는 채권자로서 당연한 권리행사로서 다른 채권자가 존재한다는 이유로 이것이 방해받아서는 아니 되고, 사해행위가 아니므로 귀원께서 원고의 청구를 기각해 주시기 바랍니다.

소 명 자 료 및 첨 부 서 류

1. 준시서면 부본   2통

○ ○ ○ ○ 년 ○ ○ 월 ○ ○ 일

위 피고2 : ○   ○   ○   (인)

진주지원 민사 제2단독 귀중

준 비 서 면

사 건 번 호 : ○○○○나○○○○호 대여료

원고(피항소인) : ○   ○   ○

피고(항 소 인) : ○   ○   ○

○○○○ 년 ○○ 월 ○○ 일

위 피고(항소인) : ○ ○ ○ (인)

광주지방법원 제3민사부 귀중

준 비 서 면

사 건 번 호 : ○○○○나○○○○호 대여료

원고(피항소인) : ○   ○   ○

피고(항 소 인) : ○   ○   ○

위 사건에 관하여 피고(항소인)는 다음과 같이 변론을 준비합니다.

- 다 음 -

1. 원고의 주장

○ 피항소인 주식회사 ○○정수기(이하 앞으로는'원고'라고 하겠습니다)는 항소인(이하, 앞으로는'피고'라고 줄여 쓰겠습니다) 피고 사이의 ○○○○. ○○. ○○.이온정수기 대여계약(이하'이 사건 대여계약'이라고만 하겠습니다)이 금융리스에 해당한다며 그 월 대여료 채권의 소멸시효 기간은 5년이 지나지 않았다며 피고에게 대여료 금 ○,○○○,○○○원을 청구하고 있습니다.

2. 원심의 판단

○ 원심은 원고의 대여료는 금융리스에 해당하여 소멸시효 기간은 5년으로서 아직 소멸시효가 완성되지 않은 이상 피고는 원고에게 대여료 금 ○,○○○,○○○원을 지급하라는 판단을 선고하였습니다.

3. 소멸시효 기간

가. 원고와 피고가 ○○○○. ○○. ○○.체결한 정수기 대여계약에 기한 월 대여료 채권은 원고가 보유하는 정수기를 그 사용을 원하는 피고등 불특정 다수를 대상으로 대여하기 위하여 체결한 것으로서 본질이 리스물건의 취득 자금에 대한 금융 편의 제공이 아니라 리스물건의 사용 기회 제공에 있는 점에서 금융리스가 아닙니다.

나. 위 대여계약에서 월 대여료는 원고가 피고에게 제공하는 취득 자금의 금융 편의에 대한 원금의 분할변제와 이자·비용 등의 변제 성격을 가지는 것이 아니라 정수기의 사용 대가인 점에 비추어 위 대여계약은 금융리스에 해당한다고 볼 수 없습니다.

다. 따라서 위 대여계약에 기한 월 대여료 채권은 민법 제163조 제1호에 정한 '사용료 기타 1년 이내의 기간으로 정한 금전의 지급을 목적으로 한 채권'으로서 소멸시효기간은 3년입니다.

라. 사실상 피고가 위 대여료를 연체한 ○○○○. ○○. ○○.부터 원고가 이 사건 대여료 청구의 소를 제기한 ○○○○. ○○. ○○.까지는 역수 상 4년 11개월이 경과되어 이미 소멸시효가 완성되어 청구권이 소멸되었습니다.

마. 민법 제163조 제1호에서 3년의 단기 소멸시효에 걸리는 것으로 규정한'1년 이내의 기간으로 정한 채권'이란 1년 이내의 정기로 지급되는 채권을 말한다(대법원 1996. 9. 20. 선고 96다25302 판결, 대법원 2007. 2. 22. 선고 2005다65821 판결 등 참조).

바. 그리고 금융리스는 리스이용자가 선정한 특정 물건을 리스회사가 새로이

취득하거나 대여 받아 그 리스물건에 대한 직접적인 유지·관리 책임을 지지 아니하면서 리스이용자에게 일정 기간 사용하게 하고 그 대여 기간 중에 지급받는 리스 료에 의하여 리스물건에 대한 취득 자금과 그 이자, 기타 비용을 회수하는 거래관계로서, 그 본질적 기능은 리스이용자에게 리스물건의 취득 자금에 대한 금융 편의를 제공하는 데에 있는 것이다(대법원 1997. 11. 28. 선고 97다26098 판결 참조).

사. 그런데 원고는 앞에서와 같이 알 수 있는 다음과 같은 사정들, 즉 이 사건 대여계약은 원고가 보유하는 이온정수기를 그 사용을 원하는 피고 등 불특정 다수를 대상으로 대여하기 위하여 체결한 것으로서 그 본질이 리스물건의 취득 자금에 대한 금융 편의 제공이 아니라 리스물건의 사용 기회 제공에 있는 점, 이 사건 대여계약에서 월 대여료는 원고가 피고에게 제공하는 취득 자금의 금융 편의에 대한 원금의 분할변제와 이자·비용 등의 변제 성격을 가지는 것이 아니라 이온정수기의 사용에 대한 대가인 점, 또한 일반적인 금융리스와 달리 ○○개월의 계약기간 동안 피고가 언제든지 계약을 해지할 수 있으며 원고가 이온정수기에 대한 정기점검 서비스를 제공하고 피고의 부주의가 아닌 사유로 발생한 고장에 대한 수리와 필터 교환을 무상으로 하여 주기로 한 점 등을 앞서 본 금융리스의 개념에 관한 법리에 비추어 살펴보면 이 사건 대여계약은 금융리스에 해당한다고 볼 수 없습니다.

4. 결론

○ 따라서 앞서 본 민법상 단기 소멸시효에 관한 대법원판례에 비추어 이 사건 대여계약에 기한 월 대여료 채권은 민법 제163조 제1호에 정한 3년의 단기 소멸시효기간에 걸리는'사용료 기타 1년 이내의 기간으로 정한 금전의 지급을 목적으로 한 채권'으로서 그 소멸시효기간은 3년이므로 이미 원고의 이

사건 청구는 소멸시효가 완성되어 청구권이 소멸되었습니다.

○ 그럼에도 불구하고 원고는 이 사건 대여계약을 금융리스라고 주장하자 원심은 이 사건 대여계약을 금융리스로 판단하고 소멸시효기간이 5년으로 아직 소멸시효기간이 경과되지 않았다는 이유를 들어 피고에게 위 대여료 금 ○,○○○,○○○원을 지급하라고 판결을 선고한 것이므로 원심의 판결을 취소하고 원고의 청구를 기각하여 주시기 바랍니다.

소명자료 및 첨부서류

1. 참고자료   관련 판례

○○○○ 년 ○○ 월 ○○ 일

위 피고(항소인) : ○   ○   ○   (인)

광주지방법원 제3민사부 귀중

【준비서면(10)】 용역비청구 원고의 청구에 대응하여 피고가 반박하고 청구
기각을 구하는 준비서면

준 비 서 면

사건번호 : ○○○○가소○○○○호 용역비

원 고 : ○   ○   ○

피 고 : ○   ○   ○

○○○○ 년 ○○ 월 ○○ 일

위 피고 : ○ ○ ○   (인)

수원지방법원 오산시법원 귀중

준 비 서 면

사건번호 : ○○○○가소○○○○호 용역비

원　　고 : ○　　　○　　　○

피　　고 : ○　　　○　　　○

위 사건에 관하여 피고는 원고의 ○○○○. ○○. ○○.자 준비서면에 대한 재반박 준비서면을 제출합니다.(변론기일 ○○○○. ○○. ○○. ○○:○○ 제○○○호 법정으로 지정되어 있습니다)

- 다　　음 -

1. 원고의 주장요지

가. 원고는 ○○○○. ○○. ○○.자 청구취지 및 청구원인 변경신청서에서'①원고와 피고는 ○○○○. ○○. ○○. ○○개발의 지사 계약서(갑 제○○호증 계약서)를 작성하였고, 피고는 원고의 업체에서 개발하고 있는 ○○○만원 상당의 기술용역을 제공받는 대가로 ○○○○. ○○. ○○.까지 개발상품을 판매하기로 하였으며, 원고에게 기술용역을 제공받은 후 피고가 이행하지 않으면 ○○○만원을 지급하기로 하였다.②원고는 ○○○○. ○○. ○○.피고가 개발상품을 판매할 수 있도록 기술용역을 해주었다. ③그런데 피고가 ○○○○. ○○. ○○.일방적으로 계약취소를 통보하고 연락을 두절하였다(갑 제2호증 문자메시지). 따라서 피고는 원고에게 ○○○만원을 지급하여야 한다는 주장을 하고 있습니다.

나. 이에 대하여 피고는 ○○○○. ○○. ○○.답변서에서‘①피고는 ○○○○. ○○. ○○. ○○개발의 지사계약을 체결한데 이어 ○○○○. ○○. ○○. 기술용역을 제공받고 ○○○○. ○○. ○○.원고에게 계약해지를 통지하였다. ② 기술용역을 제공받은 것은 개발상품을 판매하기 위해 제공받은 것이 아니고 홍보용으로 제공받은 것이다.③최초 계약서는 불리한 내용(위약금, ○○○만원)은 모두 삭제한 내용으로 계약서를 다시 작성하였고(을 제1호증 계약서) 갑 제1호증 계약서는 합의하에 폐기된 것이다. ④원고는 피고에게 ○○○만원에 팔도록 하였기에 이러한 중요한 사실을 고지하지 않았으므로 이 사건 계약은 반드시 취소되어야 한다.⑤이미 합의하에 폐기된 계약을 근거로 하여 ○○○만원을 청구하는 것은 부당하고, 그 이후 피고는 기술용역을 사용하거나 전혀 판매한 사실도 없었으므로 의무를 위반한 것은 없습니다.

2. 원고의 ○○○○. ○○. ○○.자 준비서면의 요지

가. 원고는 피고가 ○○○○. ○○. ○○.자 제출한 답변서에 대하여 ○○○○. ○○. ○○.자 준비서면을 통하여‘①피고는 원고가 기술용역을 제공해주는 대가로 ○○○만 원 이상의 개발상품을 판매하겠다고 하였다. ②피고는 원고가 제공하는 기술용역을 충분히 제공받았다. ③개발상품을 판매하고 있다는 점을 속인 적이 없다. ④피고가 제출한 계약서가 먼저 폐기된 계약서이다. ⑤원고는 피고의 행위로 인하여 손해를 입었다. ⑥기술용역은 판매가능 한 것이었다’고 주장하며 피고가 위반하였으므로 위약금으로 ○○○만원을 지급하여야 한다고 주장하고 있습니다.

나. 그러나 원고의 주장은 모두 이유가 없습니다.

다. 원고가 주장하는 ○○○만원을 위약금으로 피고가 지급하기로 하였다는 계약서는 피고가 부당하다고 항의하고 합의하에 이미 폐기한 계약서에 들어 있는 주장입니다.

라. 원고는 반대로 그러한 내용은 피고가 주장하는 계약은 이미 폐기된 계약서의 내용이라고 주장하고 있습니다. 절대 아닙니다. 원고가 착각하고 있습니다. 분명한 것은 위약금 ○○○만원 부분이 부당하여 강력이 삭제를 요구하자 합의하에 계약서를 폐기하기로 하고 폐기한 후에 피고가 제시한 계약서를 합의하에 새로 작성한 계약서입니다.

3. 결론

원고는 피고와 합의하에 폐기하고 다시 계약을 체결하였음에도 불구하고 폐기된 계약서에 의하여 피고가 위약금으로 ○○○만원을 지급하기로 약정하였다는 이유를 내세워 이 사건 청구에 이른 것이므로 원고의 청구는 여러 모로 보나 전혀 이유 없으므로 원고의 청구를 기각하여 주시기 바랍니다.

○○○○ 년 ○○ 월 ○○ 일

위 피고 : ○ ○ ○   (인)

수원지방법원 오산시법원 귀중

【준비서면(11)】 공사대금청구 피고의 항변에 대응하여 원고가 반박하고 인용판결을 구하는 준비서면

준 비 서 면

사 건 번 호 : ○○○○가합○○○○호 공사대금

원   고 : 주식회사 ○○건설산업

피   고 : ○○○○ 주식회사

○○○○ 년 ○○ 월 ○○ 일

위 원고 : (주)○○○○ (인)

부천지원 민사 제○○부 귀중

준 비 서 면

사 건 번 호 : ○○○○가합○○○○호 공사대금

원   고 : 주식회사 ○○건설산업

피   고 : ○ ○ ○ ○ 주식회사

위 사건에 관하여 원고는 다음과 같이 변론을 준비합니다.

- 다   음 -

1. 피고 주식회사 ○○○○(이하 "○○○○" 이라고만 합니다)은 ○○○○. ○○. ○○.경 부산시 기장군 장안읍 ○○길 ○○, ○○○권원자력의학원 지하 2층, 지상 9층 규모의 신축공사를 한 사실이 있습니다.

2. 이때 ○○○○이 위 신축공사를 하면서 알루미늄 창호공사에 대해서 소외 주식회사 ○○○(이하 "○○○" 이라고만 하겠습니다)에게 하도급을 주었으나 실제 위 알루미늄 창호공사는 소외 주식회사 ○○○(이하 "○○" 이라고만 하겠습니다)이 ○○○○으로부터 위 창호공사를 하도급한 것인데 ○○에서는 공사실적이 저조하여 실적이 좋은 위 ○○○의 건축면허증을 소정의 면허대여료를 지급하는 조건으로 빌린 것이고 위 창호공사는 ○○이 직접 하여 완공하였던 것입니다.

3. ○○에서 ○○○의 명의로 ○○○○으로부터 지급받아야 할 위 창호공사대금은 본 공사비 2,918,000,000원과 추가공사비 247,300,000원의 총 3,165,300,000원인데 여기서 본 공사비 중, 29,800,000원과 추가공사비 247,300,000원의 총 277,100,000원을 지급받지 못하고 있습니다.

4. 따라서 ○○에서 ○○○의 건설면허 대여료는 본 공사비를 기성 금으로 수령하면 그 금액에서 그 때 그때 모두 지급하였는데 ○○○에서 위 미수금의 공사비를 ○○○○에 청구하여 지급하지 않는 바람에 이로 인하여 ○○은 자금압박을 받아 부도가 났습니다.

5. 원고는 위 ○○에게 창호공사에 필요한 알루미늄 원자재를 ○○○○이 시공하는 위 ○○○○권 원자력의학원 공사현장으로 직접 공급 납품하여 판매대금으로 ○○에서 발행교부 한 갑제1호증 1호내지 11호의 약속어음이 부도 처리되어 ○○에 찾아가 항의를 하자 이창에서 위 미수금 277,100,000원 중, 마무리공사비 27,100,000원을 제외한 나머지 금 250,000,000원에 대하여 원고를 비롯한 협력업자들에게 양도하여 원고와 협력업자가 제3채무자인 ○○○을 상대로 인천지방법원 부천지원 ○○○○가합 ○○○○호로 양수금청구소송을 제기하였는데 이 소송에서 ○○○은 위 추가공사비 금 247,300,000원은 ○○이 ○○○○ 현장대리인 소외 ○○○으로부터 확인받고 ○○○○의 요청에 의하여 이루어진 것이기 때문에 위 추가공사비 247,300,000원은 피고 ○○○○에 청구하여야 할 성질이지 ○○○과는 상관이 없다고 주장하여 증인신문을 마치고 오는 ○○○○. ○○. ○○; 오전 10:00에 선고를 하게됩니다.

6. 그렇다면 ○○에서는 ○○○의 건축면허증만 빌린 것일 뿐 실제 ○○에서 창호공사의 본 공사를 하였고 추가공사에 대해서는 ○○○○에서 변경된 설계도서를 ○○에게 교부하면서 추가공사를 요청하여 ○○에서 ○○○○. ○○. ○○. 갑제2호증 변경견적서와 같은 갑제3호증의 공사비변경내역서를 ○○○○의 현장대리인에게 제출하였고, ○○○○의 현장대리인 ○○○이 갑제2호증의 변경견적서 하단에 확인완료 친필사인을 하고 결재한 다음 추가공사를 지시하여 이를 믿고 ○○에서 추가공사를 완료하였으므로 ○○○○은 위 추가공사비 금 247,300,000원을 소외 주식회사 ○○○○에게 지급하여야 할 의무가 있습니다.

7. 원고는 이미 ○○으로부터 ○○○에 대한 ○○○○의 공사비채권을 양수받아 소송을 하고 있으나 ○○○○에서 공사비를 지급하지 않아 ○○이 부도가 난 것이고, ○○에게 알루미늄새시 원자재를 공급한 원고의 물품대금이 ○○○○이 공사한 위 원자력의학원에 모두 사용되어 준공이 났으면 하도급업자의 공사비는 당연히 지급하여야 함에도 불구하고 ○○○○은 ○○에 대한 추가공사비를 이리 미루고 저리 미루고 있으므로 원고는 ○○을 상대로 지급명령결정을 받아 위 ○○에 대한 ○○○○의 추가공사비 금 247,300,000원을 채권압류 및 전부명령을 받고 확정된 상태에서 ○○○○의 태도만 지켜보고 있습니다만, 위 추가공사비는 ○○○의 채무가 아니고 원청자인 ○○○○에서 지급해야 되는 추가공사입니다.

8. 하물며 ○○○○에서는 추가공사비를 지급하려는 태도가 아니라 오히려 ○○○ 또는 ○○에게 대기업들이 하는 수법으로 압박만 거듭할 뿐 추가공사비를 지급하려는 의사를 전혀 보이지 않고 있습니다.

9. 따라서 원고로서는 ○○○○이 태도를 밝히지 않고 아무런 답변을 하지 않고 있으므로 ○○○○의 답변을 다시 촉구하고, 원고의 주장은 ○○○○의 답변 시까지 유보하겠습니다.

소 명 자 료 및 첨 부 서 류

1. 갑 제3호증 추가설계도서   1통

○ ○ ○ ○ 년 ○ ○ 월 ○ ○ 일

위 원 고 : (주)○ ○ ○ ○ (인)

부천지원 민사 제○○부 귀중

【준비서면(12)】 대여금청구 피고가 허위날조한 거짓주장을 하여 원고가 반박하고 인용판결을 구하는 준비서면

준 비 서 면

사 건 번 호 : ○○○○가단○○○○호 대여금

원   고 : ○   ○   ○

피   고 : ○   ○   ○

○○○○ 년 ○○ 월 ○○ 일

위 원고 : ○   ○   ○   (인)

대전지방법원 민사 제○단독 귀중

준 비 서 면

사 건 번 호 : ○○○○가소○○○○호 대여금

원   고 : ○   ○   ○

피   고 : ○   ○   ○

위 사건에 관하여 원고는 피고의 답변에 대하여 다음과 같이 반박 준비 서면을 제출합니다.

- 다   음 -

1. 사실관계의 정리

가. 대여금 액수에 대하여

○ 피고는 ○○구 ○○로에서 '마름네식당'을 운영하였습니다.

그러던 중, 피고는 원고로부터 ○○○○년경 금 2,500만원, ○○○○.경 금 3,500만원 합계 금 6,000만원을 빌렸습니다.

나. 다툼 없는 사실의 정리

○ 피고는 ○○○○년경 금 2,500만원을 빌렸다는 것을 인정하고 있으나, ○○○○년경 금 3,500만원을 빌렸다는 사실은 이를 부인하고 있으면서 피고가 오히려 원고에게 금 80,919,000원을 원금과 이자조로 변제하였다

고 주장하고 있습니다.

다. 따라서 이 사건의 쟁점은 피고가 ○○○○년경 금 3,500만원을 빌린 사실이 있는지, 피고가 원고에게 이자 및 원금의 상환조로 준 돈이 얼마인지라고 하겠습니다.

2. 금 3,500만원의 대여여부에 관하여

가. 피고의 주장

○ 피고는 원고가 ○○○○년경 위 식당의 전세보증금으로 투자한 금 2,800만원과 권리금 1,000만원을 합한 금액에서 금 300만원을 뺀 금 3,500만원에 이 사건 식당을 인수하기로 피고와 합의하였으나 이를 이행하지 않았으므로, 결과적으로 피고는 채무를 지지 않고 있다는 것입니다.

나. 피고 주장의 부당성

○ 원고는 피고가 먼저 빌려간 금 2,500만원의 원금은커녕 이자의 지급마저 게을리 하고 있자, 이를 독촉하던 차에 피고가 자신에게 금 3,500만원을 추가로 빌려준다면 소외 ○○○에게 들고 있던 계금 5,400만원의 명의를 원고에게 이전시켜 주겠다고 기망하였습니다.

이에 원고는 소외 ○○○로부터 피고가 위 계원으로 있는지 확인(수사기록 78면, 진술조서)을 하였고, 기존에 빌려주었던 금 2,500만원까지 확보하겠다는 욕심에 친구로부터 금 4,000만원을 차용하여 피고에게 금 3,500만원을 빌려 주었던 것입니다.

그러나 피고는 위 계금을 성실히 납부하지 않았고 원고는 빌려준 금

3,500만원을 위 계금으로 변제에 충당하지 못하게 된 것입니다.

3. 피고가 이자 및 원금상당의 금원을 변제하였는지

가. 피고의 주장

○ 피고는 ○○○○. ○○.경부터 ○○○○. ○○.경까지 총액 금 80,919,000원을 갚았고 이것으로 이자뿐만이 아니라 원금까지 변제되었다고 주장하고 있습니다.

나. 피고 주장의 부당성

○ 그러나 피고는 증거로 장부를 제출하고도 도대체 어느 부분이 피고의 주장 사실에 부합하는지 특정도 하지 않았으며, 게다가 위 장부와 사실확인서는 객관성도 없습니다.

○ 원고는 총액 금 1,500여만원 정도를 피고로부터 받은 사실은 있으나 이는 어디까지나 이자조로 받은 것이지 원금이 상환된 것도 아닙니다.

○ 이것은 각서 상으로도 분명히 인정되고 있습니다.

4. 결론

결국 피고의 주장은 어느 것도 이를 인정할 만한 정도로 입증되지 않은 허위의 진술에 지나지 않습니다.

오히려 원고는 금 6,000만원이나 되는 거금을 빌려주고도 8년이 지난 현재까지 원금은커녕 이자도 제대로 받지 못하였습니다. 특히 원고가 빌려준 금 3,500만원은 원고가 친구인 소외 ○○○로부터 차용한 돈입니다.

원고는 친구의 빚 독촉에 못 이겨 동생 소외 ○○○의 집을 저당 잡혀 위 돈을 변제한 상태이며(금전소비대차약정서), 생활고로 하루하루 어려운 생활을 하던 중 자살까지 기도하였습니다.

따라서 원고의 권리회복을 위해 조속히 원고의 청구를 인용하여 주시기 바랍니다.

소명자료 및 첨부서류

1. 갑 제4호증   입출금내역서

○○○○ 년 ○○ 월 ○○ 일

위 원고 : ○ ○ ○ (인)

대전지방법원 민사 제○단독 귀중

【준비서면(13)】 부당이득금반환청구 피고가 원고의 부당함을 밝히고 청구기
각을 구하는 준비서면

준 비 서 면

재판장확인
· · ·

사 건 : ○○○○가합○○○○호 부당이득금반환

원 고 : ○   ○   ○

피 고 : ○   ○   ○

부본영수
· · ·

○○○○ 년 ○○ 월 ○○ 일

위 피고 : ○ ○ ○   (인)

대구지방법원 제2민사부 귀중

준 비 서 면

사　　건 : ○○○○가합○○○○호　부당이득금반환

원　　고 : ○　　　○　　　　○

피　　고 : ○　　　○　　　　○

위 당사자 간 ○○○○가합○○○○호 부당이득금반환 청구사건에 관하여 피고는 다음과 같이 변론을 준비합니다.

- 다 음 -

1. 당사자 관계

(1) 원고는 소외 망 ○○○가 ○○○○.경 철골제품 제조업을 목적으로 설립하여 운영하던 회사로서, 망인이 사망한 후에는 그 아들인 소외 ○○○이 원고회사를 운영하였는데 피고는 소외 ○○○의 처입니다.

(2) 소외 ○○○은 ○○○○. ○○.경 소외 ○○○에게 원고회사의 주식과 경영권을 양도하여 그 후에는 소외 ○○○이 원고회사를 운영하였습니다.

2. 사건의 경위

가. 원고회사의 운영

(1) 망 ○○○는 ○○○○.경 원고회사를 설립하여 운영하여 오다가 ○○○○.

○○.경에는 소외 ○○ 주식회사를 설립하여 원고회사와 함께 운영하여 왔습니다.

(2) 한편, 소외 ○○○은 개인사업체인 ○○○○을 운영하다가 ○○○○. ○○.경 사업에 실패하여 신용불량자가 된 후에는 망 ○○○를 도와 위 회사들의 운영에 관여하였지만 망 ○○○가 고령에도 왕성하게 회사를 경영하다보니 소외 ○○○으로서는 망인의 지시에 따라 위 회사들의 업무를 처리하는 정도로 그 운영에 관여하였습니다.

(3) 소외 ○○○은 ○○○○. ○○.경 망인이 회사에서 미끄러져 넘어진 사고로 인하여 건강이 악화된 후 위 회사들을 직접 경영하게 되었는데 소외 ○○○은 신용불량지로서 자신의 명의로 회사운영을 하지 못하다 보니 사위 소외 ○○○이나 직원인 소외 ○○○ 등을 대표이사로 내세워 사업을 하였던 것입니다.

(4) 원고회사가 생산하는 제품은 주로 건축물에 대한 철골구조물로서 건설경기의 영향을 많이 받을 수밖에 없었는데 우리나라의 건설경기가 극도로 침체되어 건설자재를 생산하는 원고회사의 경영도 순조롭지 못해 그 운영자금이 부족할 때는 외부로부터 차용한 자금으로 우선 원자재 대금을 지출하였다가 나중에 형편이 풀리는 대로 이를 변제하는 등의 방법으로 원고회사를 운영하여 왔습니다.

나. 원고회사의 양도

(1) 소외 ○○○은 위와 같이 어려운 형편 아래 원고회사를 운영함에 있어 신용불량자로서 자신의 명의로 회사운영을 하지 못하고 사위나 직원을 대표이사로 내세우다보니 아무래도 애로가 많았을 뿐만 아니라 이미

고령이 된 노인으로서 건강마저도 좋지 않아 소외 ○○○의 소개로 알게 된 소외 ○○○에게 원고회사의 주식과 경영권을 양도하게 되었던 것입니다.

(2) 소외 ○○○은 ○○○○. ○○. ○○. 소외 ○○○에게 원고회사의 주식과 경영권을 대금 ○억 원에 양도함에 있어 그 양도대금 중 ○억 원만 수령하면서 발행주식 중 ○○%를 넘겨주었고, 나머지 양도대금 ○억 원은 ○○○○. ○○. ○○.까지 지급하기로 약정하였습니다.

(3) 그런데 원고회사가 당시 보유하고 있던 자산과 부채로는 대략 실거래가 ○○억 원 상당인 공장건물과 토지 등의 부동산, 적금과 퇴직보험 등으로 예탁한 금액 ○억 원, 은행 대출금 ○○억 원, 발행어음 ○억 ○천만 원, 외상매입 ○억 원, 재고자산 ○억 원 가량을 보유하거나 부담하고 있었고, 대표이사와 전무 그리고 직원들이 약 ○○명이 근무하고 있었습니다.

소외 ○○○이 당시 ○○○에게 위와 같은 원고회사의 자산과 부채 등의 재무상황을 비롯하여 그 동안 원고회사는 적자가 누적되어 hs 경위 등 모든 상황을 자세히 설명하여 주었음은 물론이고, 장차 쌍방이 알지 못하는 우발 채무가 나타날 경우에는 양도인인 소외 ○○○이 책임을 지기로 약정을 하였습니다.

다. 관련 형사사건

(1) 소외 ○○○은 ○○○○. ○○. ○○. 소외 ○○○으로부터 원고회사의 주식과 경영권을 대금 ○억 원에 양도받고 그 대금 중 ○억 원만 지급한 상태에서 위 원고회사를 경영하여 오던 중인 같은 해 ○○.경 원고회사의 대표이사로서 소외 ○○○을 업무상횡령 등으로 고소하였습니다.

(2) 그런데 소외 ○○○이 원고회사를 경영하던 기간 중 뒤에서 본 바와 같이 회사의 회계업무를 다소나마 변칙처리 하는 등으로 일반적인 주식회사 회계업무처리기준에 비추어 볼 때 그 업무처리가 제대로 되었는가의 여부를 떠나서 양도계약 당시인 ○○○○. ○○.을 기준으로 한 원고회사의 자산과 부채 등을 현황대로 인수한 ○○○으로서는 소외 ○○○이 경영하던 당시의 원고회사 회계업무처리가 제대로 되었는가의 여부를 거론할 바가 못 되었습니다.

(3) 그럼에도 불구하고 ○○○은 위 양수도계약에 따른 나머지 양도대금 ○억 원을 소외 ○○○에게 지급할 의무가 남아 있는 상태에서 그 지급약정일(○○○○. ○○. ○○.)을 얼마 남겨두지 아니한 때에 ○○○을 고소한 것은 ○○○에게 지급하기로 약정한 위 양도대금 ○억 원을 지급하지 아니하려는 의도였다고 볼 수밖에 없을 것입니다.

(4) 아무튼 ○○○은 피해자인 원고회사의 실질적인 대표로 재직하면서 회사업무를 총괄 및 자금관리 업무에 종사하던 사람으로 원고회사의 자금을 횡령하였다는 이유로 기소되었으나 ○○○으로서는 실질적인 1인 주주로서 다른 주주 등의 견제나 감시 없이 위 회사들을 운영하다보니 다수당사자의 이해관계를 미리 조정하기 위하여 엄격하게 요구되는 주식회사의 회계업무처리기준에는 못 미치는 방식으로 업무를 처리하다보니 자금차입이나 그 변제에 관한 회계서류를 제대로 갖추지 못한 아쉬움이 있으나 ○○○은 이 사건 범죄사실 약속어음을 횡령한 것이 아니라 뒤에서 보는 바와 같이 피고가 원고회사에 사업자금으로 지원한 ○○○,○○○,○○○원에 대한 변제를 위하여 이 사건 어음을 배서 양도한 것이었습니다.

3. 원고회사와 피고의 자금거래

가. 원고회사의 경영방식

(1) 망 ○○○는 ○○○○. ○.경 ○○시 ○○구 ○○로 소재에서 철골제조 업을 시작한 이래 수십년간 개인사업체를 운영하여 오던 중 ○○○○. ○○.경 위 업체를 법인화하여 운영하였는데 모두 주식회사로 설립되었 지만 망 ○○○가 실질적인 1인 주주로서 운영하다 보니 위 회사들은 사실상 개인업체와 마찬가지로 경영된 점이 없이 않았습니다.

(2) 그리고 망인이 사망한 후 그 아들인 소외 ○○○이 위 회사들을 경영하 게 되었지만 ○○○도 ○○○○. ○○. 개인사업체를 운영하다가 사업실 패한 후에는 선친을 도와 위 회사들의 경영에 관여하였을 뿐 다수의 이 해관계가 대립되는 회사를 직접 경영하여 본 경험이 전혀 없던 마당인 지라 ○○○은 주식회사의 회계업무처리기준에는 여러 모로 못 미치는 방식으로 업무를 처리하여 오다보니 결국은 위와 같은 형사 처벌을 받 게 되었으나 ○○○이 원고회사의 자금을 횡령한 것이 아니었습니다.

나. 사업자금의 운용 등

(1) 원고회사는 건설현장에서 사용하는 철골제품을 생산하는 회사로서 건 설경기의 영향을 가장 많이 받을 수밖에 없었는데 사회전반에 걸쳐 건 설경기가 침체되는 바람에 원고회사의 경영도 순조롭지 못해 직원들의 월급을 지출할 수 없어서 외부로부터 차용한 자금으로 우선 지출하였 다가 나중에 형편이 좋아지면 이를 변제하는 방법으로 원고회사를 운 영하였습니다.

(2) 원고회사의 자금사정이 어려울 때 외부차입금으로 문제를 해결하였다가 나중에 경영상태가 호전되면 차용금을 변제하는 것은 비단 ○○○이 위 회사를 경영한 기간에만 해당하는 것이 아니라 망 ○○○가 원고회사를 경영할 당시부터 있어 온 일이었음은 물론으로 원고회사의 운영자금이 부족하여 외부로부터 자금을 융통하는 과정에서 피고와의 자금거래가 있어났습니다.

(3) ○○○이 원고회사와 ○○○○ 등 회사들을 경영함에 있어 위 회사들 명의의 예금계좌 이외에도 원고회사의 대표이사였던 ○○○, ○○○, 등의 명의로 개설한 예금통장을 관리하면서 이 예금계좌들을 이용하여 원고회사의 자금을 이체하는 등 사용하였고, 필요한 경우에는 피고로부터 자금을 지원받았다가 나중에 변제하는 등 자금거래를 하였습니다.

(4) 주식회사인 위 회사들의 자금을 운용하면서 ○○○ 등의 개인 명의로 개설한 예금계좌를 이용하여 회사자금을 이동한 것은 잘못된 것이지만 위와 같이 회사를 경영함에 있어 오랫동안 개인업체를 운영하다가 법인화한 망 ○○○는 물론이고 소외 ○○○도 1인 주주라서 경험이 없는 관계로 주식회사의 회계업무처리기준을 준수하지 못한다는 것을 제대로 느끼지 못한 채 저지른 일로서 ○○○이 회사자금을 횡령하는 등 부당한 목적을 달성하기 위한 것은 아니었습니다.

다. 원고회사와 피고의 자금거래

(1) 망 ○○○가 원고회사를 경영할 당시 망인은 사어자금이 보족하면 금융기관이나 주위 사람들로부터 자금을 융통하면서 며느리인 피고로부터 자금을 빌려 사용하였다가 나중에 변제하는 등 피고와 직접 금전거래를 하였습니다.

(2) 한편, 피고는 그 동안 남편인 소외 ○○○과는 별도로 자기 자금을 관리하여 왔는데 ○○○이 위와 같이 사업을 하다가 중도에 실패하는 등 어려움을 겪다보니 가정을 제대로 돌볼 수가 없었고 이러한 상황 아래 피고는 스스로 가사를 꾸려가는 과정에서 ○○○과는 별도로 자금을 관리하면서 시아버지인 망인의 부탁에 따라 직접 자금을 지원하여 주었다가 회수하는 등 금전거래를 하였던 것입니다.

(3) 그리하여 피고는 망 ○○○가 원고회사를 운영하던 기간 중에는 망인의 부탁에 따라 원고회사에게 자금을 빌려주었다가 회수하기도 하는 등 자금거래를 하였고, ○○○이 원고회사의 경영을 물려받은 후에도 원고회사의 자금사정이 원활치 아니한 때에는 피고로부터 자금을 지원받았다가 변제하는 등 자금거래를 계속하여 왔습니다.

(4) 피고가 원고회사의 예금계좌로 입금한 금액은 아래 입금내역표 기재와 같이 합계 ○○○,○○○,○○○원이었고 이를 변제받기 위하여 원고회사로부터 이 사건 어음을 배서양도 받았던 것입니다.

- 입 금 내 역 표 -

번호	입금일	입금액
1	○○○○. ○○. ○○.	○○,○○○,○○○
2	○○○○. ○○. ○○.	○○,○○○,○○○
3	○○○○. ○○. ○○.	○○,○○○,○○○
4	○○○○. ○○. ○○.	○○,○○○,○○○
5	○○○○. ○○. ○○.	○○,○○○,○○○
6	○○○○. ○○. ○○.	○○,○○○,○○○
7	○○○○. ○○. ○○.	○○,○○○,○○○

8	○○○○. ○○. ○○.	○○,○○○,○○○
9	○○○○. ○○. ○○.	○○,○○○,○○○
10	○○○○. ○○. ○○.	○○,○○○,○○○
11	○○○○. ○○. ○○.	○○,○○○,○○○
12	○○○○. ○○. ○○.	○○,○○○,○○○
13	○○○○. ○○. ○○.	○○,○○○,○○○
14	○○○○. ○○. ○○.	○○,○○○,○○○
15	○○○○. ○○. ○○.	○○,○○○,○○○
16	○○○○. ○○. ○○.	○○,○○○,○○○
17	○○○○. ○○. ○○.	○○,○○○,○○○
18	○○○○. ○○. ○○.	○○,○○○,○○○
합계		579,000,000

4. 원고의 청구에 관하여

(1) 원고는 피고가 이 사건 어음을 액면 550,000,000원을 아무런 법률상 권원 없이 무단으로 취득한 후 피고의 예금계좌로 추심하여 위 금원 상당의 부당이득을 취하였다고 주장하고 있습니다.

그러나 피고는 위와 같이 원고회사에게 579,000,000원을 대여하였다가 그 변제를 위하여 이 사건 약속어음을 수령하였던 것이므로 이를 가리켜 아무런 법률상 원인 없이 무단으로 이를 취득한 것이라는 원고의 주장은 이유 없는 것입니다.

(2) 그리고 원고회사는 이 사건 어음 중 13매의 어음은 모두 원고회사의 대표이사의 서명이나 기명이 없이 다만 원고의 법인 명칭만으로 서명이 되어 있거나 기명날인이 되어 있을 뿐으로서 배서의 요건을 결여하여 무효라는 취지로 주장하고 있습니다.

어음의 배서가 배서의 요건을 갖추지 못한 경우에는 그 어음상의 권리는 적법하게 이전될 수 없는 것이고 법인의 어음행위는 어음행위의 서면성·문언성에 비추어 법인의 대표자 또는 대리인이 그 법인의 대표자 또는 대리권자임을 어음면상에 표시하고 기명날인하는 대리방식에 의하던가. 법인의 대표자로부터 대리권을 수여받고 직접 법인의 대표자 명의로 서명할 권한이 주어져 있는 자의 대행방식에 의하여 이루어져야 할 것이고 어음에 대한 배서가 대표자 등의 기명날인이 누락되는 등 그 요건을 갖추지 못하여 무효라서 배서의 연속에 흠결이 있는 경우라도 어음소지인이 실질적인 권리이전사실을 주장·입증하는 경우 그 어음상의 권리를 행사할 수 있을 것입니다.(대법원 1999. 3. 9. 선고 97다7745 판결 등 참조)

그런데 원고회사가 이 사건 어음을 피고에게 배서 양도함에 있어 일부 어음들에 대하여 한 원고의 배서는 그 요건을 결여하여 무효라고 볼 수가 있을 것이지만 이 사건 어음은 ○○○금속 주식회사가 원고회사에게 대한 대금을 지급하기 위하여 원고회사에게 발행 교부한 것인데 원고회사가 피고에 대한 채무이행을 위하여 다시 피고에게 배서 양도한 것으로서 설사 그 배서가 요건을 갖추지 못하여 무효라고 하더라도 어음소지인인 피고로서는 위와 같은 이 사건 어음의 실질적인 권리이전 사실을 주장·입증함으로서 그 어음상의 권리를 행사할 수 있었을 것인 바, 어음발행인인 ○○금속 주식회사의 위와 같은 실질적인 권리이전 사실을 인정하여 배서의 연속에 흠결이 있는가의 여부를 따지지 아니한 채 어음금을 지급하였던 이 사건에서 설사 원고가 이 사건 어음을 피고에게 배서 양도함에 있어 한 배서가 그 요건을 결여하여 무효라고 하더라도 이로써 피고가 법률상 원인 없이 그 어음금 상당의 이득을 취하였고 이로 인하여 원고에게 동액 상당의 손해를 입혔다고 할 수는 없을 것이므로 원고의 위 주장도 이유 없음에 귀착된다고 할 것입니다.

(3) 나아가 원고는 피고의 남편인 ○○○이가 이 사건 어음을 소지하고 있음을 기화로 무단으로 이를 피고에게 배서 양도하였다는 취지의 주장을 하나, ○○○은 원고회사의 실질적인 대표로 재직하면서 회사업무 총괄 및 자금 관리 업무에 종사하던 사람으로 원고회사가 피고로부터 차용한 위 579,000,000원의 변제를 위하여 이 사건 어음을 피고에게 배서 양도하였음은 위에서 본 바와 같으므로 원고의 위 주장 또한 전연 이유 없는 것입니다.

5. 결론

따라서, 원고의 이 사건 청구는 이유 없으므로 마땅히 기각되어야 할 것입니다.

○○○○ 년 ○○ 월 ○○ 일

위 피고 : ○ ○ ○   (인)

대구지방법원 제2민사부 귀중

【준비서면(14)】 이혼 등 청구 피고가 구체적으로 반박하고 원고의 청구기각을 구하는 준비서면

준 비 서 면

<table>
<tr><td>재판장확인</td></tr>
<tr><td>· · ·</td></tr>
<tr><td></td></tr>
</table>

사건번호 : ○○○○드합○○○○호 이혼 등

원 고 : ○   ○   ○

피 고 : ○   ○   ○

<table>
<tr><td>부본영수</td></tr>
<tr><td>· · ·</td></tr>
<tr><td></td></tr>
</table>

○○○○ 년 ○○ 월 ○○ 일

위 피고 : ○   ○   ○   (인)

서울가정법원 가사제3부 귀중

준 비 서 면

사건번호 : ○○○○드합○○○○호 이혼 등

원 고 : ○   ○   ○

피 고 : ○   ○   ○

위 사건에 대하여 피고는 다음과 같이 변론을 준비합니다.

- 다 음 -

1. 원고의 준비서면 1항에 대한 답변

원고의 모든 주장은 시기와 정황 등이 맞지 않는 원고 스스로도 그 증거나 정황 등을 제시하지 못하면서 알 수 없는 원고의 주장들을 풀어가고 있는 피고의 피나는 사실적인 주장과 증거 등이 억지주장이라고 말하는 원고 측의 주장은 참으로 우습습니다.

2. 원고의 준비서면 2항에 대한 답변으로 문자내용은 을 제18호증 "피고의 문자내용"과 같습니다.

위 을 제18호증 "피고의 문자내용"의 문자내용 그 어디에도 이해할 수 없는 내용과 원고를 협박하는 문자는 없습니다.

피고는 ○○. ○○.저녁 원고의 소장을 받아 들고서 원고의 전화번호를 알 수가 있었으며 그러한 피고는 20:50경 원고에게 원고의 소장을 받은 소감을 문자로 보냈습니다.

그 다음날 ○○. ○○. 원고로부터 "연락 바랍니다" 라는 을 제17호증 원고의 문자메시지를 받고부터 원고에게 피고의 근황과 마음상태 등을 알리는 형식으로 ○○. ○○.까지 문자를 보내졌음을 을 제18호증 "피고의 문자내용"을 보면 알 수가 있을 것입니다.

위 내용을 구분하여 보면

① 당신의 소장을 받아 들고서 라는 소감 ○○. ○○.부터 ○○. ○○.까지 "오늘 답변서를 제출했으니 참고하시길 바랍니다." 라는 내용과

② 당신의 준비서면을 받아들고 라는 소감 ○○. ○○.부터 ○○. ○○.까지 "어제 법원에 준비서면과 증거설명서를 제출했으니 법원의 판결을 기다리시기 바랍니다.." 라는 내용으로 보내졌음은 사실이나

원고를 협박하거나 원고를 법정에서 죽인다는 협박적인 문자는 없습니다.

원고가 주장한 듯한 ○○. ○○. 12:10분경 "○○○○년 언제 유원지등을 다녔는지도 알아서 증인 신청해라 내가 법정에서 죽여줄 테니까" 라는 문구의 문자메시지는 허위 진술하는 원고의 갑 제9호증 "진술인 인증서"에 대한 답변으로 피고의 1차 준비서면 10항의 답변내용과도 일치하는 것을 잘 알 수가 있을 것입니다.

사실과 전혀 다른 거짓주장을 하고 있는 원고 측 ○○○부부 즉 원고의 외사촌 형부의 위증을 밝혀낸다는 의미로서 원고 측 진술인 스스로도 거짓이 있다면 위증죄로 처벌을 받을 각오가 있다고 진술하였으니 증거를 가지고 법정에 떳떳하게 나오라는 의미였으며

피고는 또 다른 증거 을 제19호증 "갑 제10호증의 1내지 8의 사진의 위증사실 설명서" 등으로 그 위증을 밝혀내겠다는 것이었습니다.

이러한 의미는 피고의 1차 준비서면 10항의 답변내용 "진술인 부부는 그들 스스로가 위증죄로 처벌을 받을 각오가 있다고 진술 하였으니 잘 못 본 두 눈알과 잘못 놀린 더러운 두 혀가 뽑힐 각오를 하고 법정에 증인으로 출석하여 증거를 제시하시길 바랍니다" 라는 준비서면의 내용과 다를 바가 없으며

또한 "피고는 원고 측 진술인 부부의 위증을 고발할 또 하나의 완벽한 증거를 가지고 있으니 법정에서 분명히 밝혀낼 것입니다" 라는 준비서면의 내용과 다를 바가 없습니다.

따라서 야밤중에 시도 때도 없이 알 수 없는 문자를 보내와 원고 측으로부터 안정을 찾지 못하도록 하였다는 원고의 준비서면 7항의 주장은 종잡을 수가 없습니다.

야밤중이라고 말하는 듯한 ○○. ○○. 20:40의 최초의 문자메시지로 당신의 소장을 받아 들고의 첫 소감 문자메시지로서 20:40분이 야밤중인지 묻고 싶습니다.

피고는 ○월중 원고로부터 아침 07:20경 통근봉고차로 출근하여 잔일을 하고 퇴근하면 21시라는 말을 들은 사실이 있었기에 + -3~ 40분정도의 여유를 두고 문자를 보냈던 것이며 이러한 문자는 원고와 피고 부부간에 주고받은 문자인데 제3자인 원고 측 진술인부부가 생활에 안정을 찾지 못했다는 주장은 도둑이 제 발 저려 불편한 것이지 피고의 문자메시지 때문이 아니라는 사실은 본 준비서면 4항의 내용을 보면 잘 알 수 것입니다.

더군다나 허위증거 갑 제10호증의 1내지 8의 사진을 법정에 내놓고도 당당하게 떡하니 버티고 앉자 원고와 피고의 재판과정을 지켜보고 있던 원고 측 증인의 허풍에 배꼽이 빠집니다.

어찌 보면 몽골의 여우사냥꾼의 총알보다 더욱더 무섭게 다가오는 앞으로의 재

판부의 준엄한 심판의 판결소리가 두려웠던 것입니다.

피고의 문자메시지내용은 전체를 보아야 하며 그 흐름을 알아야 합니다.

피고의 문자메시지내용은 공소장의 주요 요점을 타격하여 말꼬리의 보급로를 차단하고 전쟁을 진화하려는 특전사인의 고유기질이 보이는 듯도 하지만 원고와 피고 간에 최소한의 피해를 입히고 위 사건을 진화하고 화해하려는 깊은 의도가 담겨있음을 알 수 있을 것입니다.

그렇기 때문에 피고의 문자메시지내용은 사건의 진행방향등의 정보와도 같은 순수한 것이라고 말씀드릴 수 있습니다.

원고가 전화번호를 변경한 까닭은 피고의 준비서면과 증거설명서를 송달받은 ○○. ○○.저녁 이제는 끝이구나 하는 생각에 재판의 흐름을 가늠하고 원고 측 증인 ○○○부부와 대책회의를 갖고 그 다음날 전화번호를 바꿨던 것입니다.

그러한 까닭에 원고의 준비서면 2항의 모든 주장은 거짓된 것이며 무엇인가 확실한 시점과 근거를 제시하지 못하면서 자꾸만 본 사건을 잘못된 방향으로 호도하여 희석시키려는 뒤죽박죽된 억지주장이며 교묘하게 피고와 재판부를 속여 갑 제10호증의 1내지 8의 사진들을 무사히 통과시키려는 술수에 불과함을 본 준비서면 4항의 피고의 답변내용과 을 제19호증을 살펴보면 잘 알 수 있을 것이라고 확신합니다.

피고의 문자메시지내용 을 제18호증 을 살펴보면 피고는 원고와 합의점을 찾으려고 노력했으며 원고가 주장하는 이중적인 거짓으로 일관하지는 않았다고 자부합니다.

3. 원고의 준비서면 3항에 대한 답변

피고가 이미 제출한 답변서 및 준비서면 어느 곳을 보아도 피고의 오기와 원망은 없으며 더더욱 이중적인 피고의 거짓태도는 없습니다.

아무런 근거도 없는 하늘에 뜬구름처럼 내뱉은 거짓 공소거리 마다 조각조각 찾아내어 진실을 밝혀내는 피고의 끈질긴 태도들이 원고와 원고 측 증인 ○○○부부의 눈에는 눈에 가시처럼 보였을 뿐이며 오기와 원망으로 가득한 답변서와 준비서면으로 보였을 뿐입니다.

어찌하여 사람으로서 그 아픔이나 고통이 없겠습니까마는 내 살 중에 살이며 뼈 중에 뼈라고 여기며 살아온 원고를 도려내고 살고 싶지는 않았기에 좋은 방향으로 사는 날까지 감수하고 있는 것입니다.

원고의 주장대로 추정한다면 피고의 2항 문자메시지내용 때문에 전화번호를 변경했으며 피고의 이중적인 행동 때문에 좋은 방향으로 생각했던 믿음과 신뢰가 회복할 수 없도록 되었다는 원고의 논리주장 또한 잘못된 것입니다.

원고는 이미 원고의 중국 친언니가 한국에 나와 있는 상태의, 피고가 문자메시지를 보내기전인 ○○. ○○.에 이미 소장을 제출했었던 것입니다.

원고의 기본적인 잘못을 인정하지 못하면서 사실과 다른 있지도 않는 온갖 오기와 독선으로 피고에게 덤벼든 원고의 모습은 참으로 안타까울 뿐입니다.

4. 원고의 준비서면 4항과 조작된 거짓증거

갑 제10호증의 1내지 8호의 사진에 대한 답변입니다.

원고와 원고 측 증인 ○○○부부는 아무런 설명도 없이 달랑 알 수 없는 사진만 내어 놓았습니다.

이는 원고 측에서 직접 나와 설명하겠다는 의미이니 반듯이 먼저 원고 측으로부터 어떠한 설명을 들어야 할 것입니다.

이렇듯 원고와 원고 측 증인 ○○○부부는 감쪽같이 피고와 재판부를 교묘하게 속이려 하는데 이는 사실과 전연 다르며 거짓이며 위증입니다.

사실을 을 제19호증 "갑 제10호증의 1내지 8호 사진의 위증사실설명서" 와 을 제20호증 정황증거 진료 사실확인서를 살펴보면 알 수 있을 것입니다.

이러한 사실은 을 제18호증 피고의 문자메시지내용 ② 당신의 준비서면을 받아들고의 ○○. ○○. "재판은 거짓말로 보험금 타먹은 것하고는 다르다고 ○○○에게 말해봐라. 대한민국 법원 판검사를 어떻게 알고서. ○○○도 증거 때문에 죽었다는 사실을 기억하라." 라고 충고했던 피고의 문자메시지내용은 이미 원고와 원고 측 증인 ○○○부부의 위증을 예상하고 있었기 때문이며 협박은 아니었다는 사실을 을 제19호증 "갑제 10호증의 1내지 8호 사진의 위증사실설명서" 가 명백히 밝혀 낼 것입니다.

5. 원고의 준비서면 5항에 대한 답변

원고는 줄곧 자신이 먼저 이혼상담을 받은 사실과 원고와 동행한 수녀 앞에서 분명히 못 살겠다는 의사를 표현한 어떠한 시점과 사실을 교묘하게 숨기고 원고의 뒤죽박죽된 주장만 일관하는지 참으로 안타까우며 또한 그러한 원고가 옳다고 조정하며 끌고 다니는 원고 측 증인 ○○○부부가 참으로 불쌍하다는 생각에 절로 한숨이 나옵니다.

나이를 한 살이라도 더 먹었으면 나이 값을 해야 하는데 그러하지 못한 그들이 안쓰럽습니다.

그렇게 쉽게 이혼하고 재혼해서 결혼을 3번을 했는지 원고 측 증인 ○○○에게 묻고 싶을 뿐이고 이혼사유가 없으니 이혼하지 않겠다는 피고의 주장은 봉건적인 사고방식이고 이혼사유가 있건 없건 마음에 들지 않으면 이혼하고 재혼해도 된다는 원고 측 증인 ○○○부부의 주장은 결혼의 존엄성을 무시하는 신세대적인 사고방식이라는 논리주장처럼 들려 정말 안타까울 뿐입니다.

6. 원고의 준비서면 6항에 대한 답변

"부부란 믿음과 신뢰와 사랑이 우선했을 때 평안한 가정이 이루어지는 첫 단계가 된다" 는 원고 측의 돌연적인 행동에 절로 웃음이 나옵니다.

피고가 웃는 이유는 원고가 갑 제6호증으로 제시한 피고의 편지 내용들이 "나를 믿는 가, 나를 사랑하는 가, 나를 신뢰하는 가"입니다.

그리고 이러한 물음들은 피고가 지금껏 문제를 풀어가고자 하는 열쇠의 방향 설정이었기 때문입니다.

내가 사랑했기 때문에 내가 살려놓은 원고이기에 내가 중국에서 데려온 원고이기에 내가 살 중에 살이요 뼈 중에 뼈라고 여기며 살아왔던 원고이기에 원고를 용서하고 살아가겠다는데 두고두고 원고를 괴롭히기 위해서 이혼을 반대한다는 원고 측의 주장은 참으로 우습습니다.

피고는 과시하지 않았으며 또한 과시욕도 없습니다.

재주는 곰이 부리고 박수와 과시욕은 원고 측 증인 ○○○이 독차지 하지 않았습니까. 재주는 곰이 부리고 열매는 여우가 다 먹어치우지 않았습니까.

피고는 원고가 인격을 무시당하고 원고의 개인생활을 지나칠 정도로 억제시켰다는 원고와 원고 측 증인 ○○○부부의 억지 주장이 사실과 다르다는 의미로서 어떠한 사실을 증명했을 뿐입니다.

이제 피고에겐 아무것도 없습니다.

모든 것은 원고와 원고 측 증인 ○○○부부가 모두 다 빼앗아갔을 뿐이며 피고에게 남은 것은 그동안의 덩그러니 남은 빚과 그동안 있지도 않는 무고한 온갖 공소거리와 모함 등으로 건장한 중년의 남성이 극도로 심약한 저체중으로 앙상한 뼈만 남아 고통에 시달리고 있습니다.

그런대도 불구하고 피고에겐 평온한 가정보다는 과시욕과 오기로 가득하다는 원고와 원고 측 증인 ○○○부부의 주장은 터무니없는 독선인 것입니다.

7. 원고의 준비서면 7항에 대한 답변

원고 측의 거짓증거 갑 제10호증의 1내지 8호 사진에 대하여 원고와 피고의 재판과정을 지켜보고 있을 원고 측 증인 ○○○을 생각하면 소름이 끼칩니다.

지금까지 원고의 모든 여러 주장에 반해 사실로 인정된 부분은 쌍방에 의한 단 한 번의 폭행사실 이외는 원고 스스로가 입증한 입증서류 그 어디에도 원고의 주장을 뒷받침할 증거는 없을 정도로 원고와 원고 측 증인의 주장은 거짓으로 일관하고 있습니다.

더군다나 원고가 제출한 갑 제9호증 ○○○의 진술인증서와 이를 뒷받침 하는 듯한 조작된 거짓증거 갑 제10호증의 1내지 8호의 사진증거들도 사실과 다른 거짓으로 위증임을 감안하면 원고 스스로도 증명입증하지 못한 본 사건은 반드시 기각되어야 하며 더더욱 법정에 까지 거짓증거를 내세워 재판부를 농락하려 했던 원고 측 증인 ○○○부부와 ○○○을 처벌해야 마땅합니다.

이렇듯 허위증거로 재판부의 판단을 흐리게 하려는 의도가 분명한 위증에 해당하므로 원고 측 증인 ○○○부부를 불러내 이러한 사실을 추궁 확인하는 것이 옳다고 판단되며 피고는 그러한 원고 측 증인 ○○○부부에게 또 다른 증거를 제시할 사실과 증거들이 준비되어 있음을 분명히 밝힙니다.

그러한 까닭에 피고는 "원고의 청구를 기각 한다는 판결을 구합니다."

소명자료 및 첨부서류

1. 을 제17호증   원고의 문자메시지내용
1. 을 제18호증   피고의 문제내용
1. 을 제19호증   사진
1. 을 제20호증   진료 사실확인서

○○○○ 년 ○○ 월 ○○ 일

위 피고 : ○ ○ ○   (인)

서울가정법원 가사제3부 귀중

【준비서면(15)】 이혼 등 청구 원고의 억지주장에 대응하여 피고가 반박하고
청구기각을 구하는 준비서면

준 비 서 면

재판장확인
・ ・ ・
⋯⋯⋯⋯⋯⋯⋯⋯⋯

사건번호 : ○○○○드합○○○○호 이혼 등

원   고 : ○   ○   ○

피   고 : ○   ○   ○

부본영수
・ ・ ・
⋯⋯⋯⋯⋯⋯⋯⋯⋯

○○○○ 년 ○○ 월 ○○ 일

위 피고 : ○   ○   ○   (인)

울산지방법원 귀중

준 비 서 면

사건번호 : ○○○○드합○○○○호 이혼 등

원 고 : ○   ○   ○

피 고 : ○   ○   ○

피고는 아래와 같이 원고의 주장을 반론 하고 변론을 준비합니다.

- 다 음 -

1. ○○○○년 신혼 초 신발 제조업체 생산과 대리의 월급이 약 ○○만 원 선이었으며 ○○○로 들어가서는 연봉이 약 ○○,○○○,○○○원에 차량제공 등 기타 인센티브가 있었으나 봉급에 피고는 단 한 푼도 사용하지 않았고 월 ○○만원 저축은 전혀 맞지 않습니다.

2. 원고가 단란주점 비슷한 호프집을 운영하면서 부터 술과 남자를 만나고 다녔으며, 왜 술을 먹고 늦게 다니느냐고 물었더니 가게가 육교 옆이라 손님도 별로 없는데 지하철공사로 인해 손님이 떨어져 적자에다 술까지 먹고, 늦게 귀가한다며 어린 자식들 교육에도 지장이 많았습니다.

손실부분은 권리금에 전세 달세 실내 인테리어비용과 각종 식기류 차량구입 등 일절 원고의 생각대로 취향에 맞춰 바꿈으로 초기 생각한 투자비에 비해 약 8000만원 더 들어갔고 약 3년 동안 손실금액이 1억 이상 손실을 보았으며, 자살까지 생각하여 용서를 빌면서 손실금액에 대해서는 묻지 말고 용서해달라고 했었습니다.

상식적으로 초기 과투자비와 운영상 적자를 감안하면 손실금액을 알 수 있을 것이라고 생각이 듭니다.

3. 여기에 원고는 엘란트라 차량을 친정에 줄때 차량할부금을 변제하는 조건으로 주었다고 주장하는데 ○○백만 원 할부금이 남은 것을 해결하지 않아 피고가 해결하였고, 장인에게 드리라고 하였으나 결국엔 셋째 처제가 타고 다녔습니다.

그리고 할부금액보다 차량가치가 더 높다는 것은 언급하지 않아도 알 수 있을 것입니다.

피고가 차량을 처가에 주었다고 주장한 것은 자살까지 생각하여 용서를 빌면서 손실금액에 대해서는 묻지 말고 용서해달라고 했기에 돈은 언제든지 벌수 있는 것이기에 깨끗이 정리하고 새롭게 출발하자는 배려의 뜻으로 표현한 것인데 할부금을 받고 넘겼다고 주장하는 것으로 보아 원고는 피고 모르게 원고 스스로 독단적인 결정에 의해 손실부분을 줄이기 위한 조치로 처가에서 원고 모르게 돈을 받았을 수도 있다고 생각이 됩니다,

원고가 왜곡한 이 사건 하나만 보더라도 피고에게 할부금 ○○○만 원을 받고 처가에서 또 잔여할부금 명목으로 돈을 받아 챙겼다는 결과가 도출되는데 이 얼마나 파렴치하고 이중적인 행동입니까.

4. 언니가 아니고 장모와 ○○○ 처제는 부동산투기를 하다 처제는 망하는 바람에 살던 집까지 팔았으며 가계부도로 결국엔 이혼하게 되었으며, 장모도 투자가 실패되었고, 원고 또한 손실을 볼 무렵, 피고의 강력한 저지에 의해 또 한 번의 재산손실 위기를 모면하기도 했습니다.

경매에 대한 전문지식이나 공인중개사 자격이 있는 것도 아닌데 당시의 부동산 경기로 볼 때 원고가 경매로 돈을 벌어 재산증식에 기여했다는 것은 거짓주장입니다.

만약 원고의 주장대로라면 ○○○○. ○○. ○○.부터 ○○○○. ○○. 월까지 약 ○○년 동안 어떤 경매물건을 구입하고 처분하여 얼마의 금액증식을 구체적으로 주장하였을 것이라 생각이 듭니다.

5. 피고가 골프를 치게 된 것은 스포츠 용품회사에 다니다 보니 운동비용을 회사에서 지원해 줌으로 시작하였고 외국출장이 잦아, 아내의 성격 탓에 친구도 별로 없어 우울증이 올 것 같다 하여 골프운동을 권장하였으며 외국에 근무하는 부인들 모두가 골프를 치기 때문에 저 또한 외국 근무할 때를 예상하여 권장했으며 술, 여자, 도박 무마하려고 어느 누가 자기아내에게 반강제로 골프를 시킬 사람이 있겠습니까.

원고의 주장은 너무도 터무니없는 억지 주장입니다.

아파트 ○○평으로 이사한 것은 집안에 장남으로 연세 많으신 모친도 모셔야 하고 제사도 모셔야 함으로 인해 이사하게 되었습니다.

원고의 주장대로 세상에 어떤 여자가 불륜관계를 무마해주는 조건으로 아파트 평수를 늘려준다고 그냥 있겠습니까. 또한 원고는 7항에서 ○○○○. ○○. ○○. 경 ○○아파트(위에서 주장한 그 ○○평 아파트)를 분양 받아 현재시가 ○○○, ○○○,○○○원으로 재산증식에 원고의 기여가 많은 것처럼 주장하고 있습니다.

원고의 논리에 얼마나 모순입니까.

다만 원고가 젊은 나이에 파출부를 고용하면서 거의 모든 시간을 골프나, 고급의류, 명품가방, 수많은 귀금속류를 사들이며 허영과 사치 속에서 생활을 하였다는 것은 인정한 것이라 생각합니다.

원고가 제시한 증거자료 "갑제11호증3"의 거래내역 하나만 보아도 이혼 소송 제기중인 ○○○○. ○○. ○○.에 노래주점 ○○○,○○○원 사용했고 이틀 뒤에도 단란주점 ○○○,○○○원을 사용했습니다,

이것하나만 보아도 얼마나 무절제하고 방탕한 생활을 하는지 원고 본인이 스스로 입증하고 있습니다.

6. 원고는 명품이 아니면 사지도 입지도 않았습니다.

피고의 의류 또한 명품뿐이며 왜 비싼 물건을 사냐고 다툼도 많았습니다.

집 살림 또한 TV 냉장고 세탁기 등 전자제품 일절 외국산입니다,

집안 살림이 사치스러우니 형제 친척들 출입이 전혀 없었으며 정이 떨어져 왕래조차 없게 되었습니다.

7. 옛말의 "남편을 하늘같이" 는 꿈같은 얘기며, 집안 제사, 묘사, 부모님생신 등에도 딸과 아들 공부해야 한다며 시골어른들과 집안 모든 가족들이 아이들을 보고파 하는데도 부산에 아들딸만 남겨두고 시골에 내려가 부모님이 서운해 하시었습니다.

주변을 보면 부모님이 연로하시면 거의 장남이 제사를 옮겨와서 주관 하에 모든 행사를 치루고 저희는 아내의 강력한 거부로 인해 팔순 노모가 오늘날 까지도 제사를 지내고 계시는 형편입니다.

가족관계라는 게 얼굴 보며 대화하고 정도 주고받으며 우애를 쌓는 것인데 모든 사고가 원고 내부의 틀에서 벗어나지 못하고 모든 게 자기중심적 이다보니 가정교육에도 문제가 많았습니다.

8. 시골 가는 날 이면 너무도 가기 싫어했고 자식들까지 친지, 가족에 정을 끊고 살았고 장남된 도리로 이혼도 할 수 없고 여태껏 살며 후회도 수차례 하였으며 결국엔 이 지경까지와 피고는 한심할 따름입니다.

참고로 원고와 피고가 이혼을 하게 되면 원고의 본가는 6형제중 이번이 3번째 이혼이 되는 것입니다.

9. 원고의 9항에 대한 답변입니다

집안행사는 자식 된 도리로서 당연이 해야 하며 맏며느리가 집안분위기를 이끌어가야 집안이 편안하고 행복할 것인데 오히려 분위기를 더 나쁘게 하여 형제 간에도 원고로 인하여 다투게 된 적이 수도 없이 많습니다.

부모님 생신날에도 저는 사회생활을 하다 보니 그 연장선의 약속으로 약속시간을 맞출 수가 없었는데 원고가 먼저 참석하고 피고는 조금 늦다고 하면 이해가 될 수 있는 부분인데, 너무도 융통성이 없어 여태껏 살면서 너무 힘들었습니다.

그 후 부모님이 뭘 잘못이 있냐며 본가에 가자고 해도 그 일을 핑계로 시아버지 제사, 명절 등 모든 행사에 불참하였습니다.

그날도 원고에게 무어라 하면 며느리 역할을 안 한다는 걸 알기에 원고에게는 누구도 간섭하지 않았습니다.

울고 싶은데 피고 혼자만 모친이 계신 시골에 가고 있습니다.

10. 원고는 횟집 한다는 이유로 어머님 병간호에는 관심도 없었고 수술 후 어머님께서 누나 집 일주일 동생 집 일주일 있어도 피고 집에서는 단 하루도 요양하지 않았습니다.

11. 원고는 남의 허물 탓부터 먼저하며 상대의 조그마한 실수도 이해 못하고 대화해서 풀 것은 풀어버려야 본인도 상대방도 좋을 텐데 꽁하여 자기 기준에 안 맞는다고 평생을 씹고 또 씹어서 집안 전체 분위기를 욕되게 하였으며 피고에게도 자기 생각과 다르면 비상식적이라며 매일 잔소리를 해서 너무 힘들고 피곤하였습니다.

12. 허위주장은 원고가 하고 있으며 나이 들면 보자며 악담도 일삼았습니다.

13. 피고가 회사에서 퇴사할 때 퇴직금 ○,○○○만원을 받았는데 퇴직금이 없다는 주장은 정말 이해가 가질 않으며 횟집 건축은 원고 친동생이 2억이면 공사비가 충분하다고 하여 공사를 하였으나 실 공사비는 3억이 들어갔습니다.

횟집 구입자금은 여태 직장생활과 퇴직금으로 구입한 것이지 원고가 무슨 일을 하여 푼푼이 모은 돈인지 그 출처가 없습니다.

○○년을 같이 살았지만 원고는 돈이 들어오기 바쁘게 쓸 궁리부터 하기 바쁘고 그나마 돈이 떨어지면 빚을 내어서라도 소비를 해야 하는 방탕한 습성의 소유자입니다.

횟집경영이 어려워지면 일반적인 사람들은 씀씀이를 줄이는 형태로 문제해결을 했을 것입니다. 만약 피고가 일반적이고 알뜰한 여자를 만나 가정을 꾸렸다면 현재 피고의 재산은 지금보다는 훨씬 견실했을 것이라고 자부합니다.

수입이 없는 상태에도 가정주부가 가사노동은 회피하고 파출부를 고용하며 골프나치고 방탕한 생활을 하는 것이 문제이지 알고 지내는 몇몇 지인들이 골프 스폰서를 해줘 1년에 2-3번 정도는 골프 운동도 하며 정보도 얻으려고 인간관계를 유지하는 차원에서 골프한 것이 문제이지는 않다고 생각합니다.

14. 횟집운영도 함께 시작하였으나 남자손님들이 눈치 보이고 술시중도 들어야 하고 영업시간이 지나 가요주점에도 동석을 해야 한다고 하여 함께 있으면 싸울 수밖에 없다는 핑계로 원고 독자로 운영하여 귀가하는 시간이 날로 늦어 졌습니다.

   항상 적자라 하여 전세를 놓자고 여러 차례 요구했지만 거절하였고, 여기저기 역술가에 몇 십만 원씩 주고 그 사람들 얘기만 듣고 피고 뜻은 무시하였고, 2년 차부터는 월말결산을 수십 차례 요청 하였지만 단 한 번도 하지 않았고 분기별 또는 전반기 후반기 두 차례라도 결산을 요청하였지만 그것도 하지 않았습니다.

15. 원고는 피고가 잦은 성병을 치료했다고 주장하는데 피고는 여태껏 살면서 요도염이 있어 두 번 병원치료를 받았을 뿐입니다.

16. 횟집운영 3년차부터는 큰 침대를 구입하여 딸 방에서 잤으며 피고는 아침에 일찍 출근하고 저녁엔 10시면 잠자리에 들기 때문에(지금도 평생을 기상시간과 취침시간이 비슷합니다) 원고가 술에 취해 늦게 귀가하고, 사귀는 남자가 있는지 본인이 미안하니까 침실을 옮겨간 것이고, 계획적으로 부부관계를 피하려고 한 것이 지금 생각해도 의문입니다.

   횟집은 전세, 달세, 권리금을 욕심대로 받으려니 전세를 놓을 수가 없다고 보며, 가격을 파격적으로 낮춰서 처리하라고 하여도 듣지 않았고, 소송 제기 후 횟집은 아예 문을 닫았다고 했는데 ○○○○. ○○. ○○. 피고가 확인한 바에 의하면 아직도 적자를 보며 운영하고 있습니다.

17. 손실이 있나 없나 결산을 하면 증명될 것이며 현 채무는 왜 발생되었는지 사용처를 분명하게 밝혀줘야 된다고 봅니다.

또한 원고는 약 3억이란 채무가 발생되었다고 주장하는데 횟집을 접는 방향으로 가닥을 잡자고 했던 피고의 주장은 무시한 채 원고는 일방적으로 피고 모르게 거듭 빚을 내며 지금 이 시점까지도 적자를 주장하면서도 부채를 늘려가니 정상인이라면 어느 누가 이 일을 인정할 수 있겠습니까.

토지매수로 인한 ○○은행 대출이 아니고 건축비 1억 상당의 과다지출로 대출하였으며 ○○은행 대출은 적자운영으로 피고 없이 몰래 아파트 담보로 대출하려다 은행에서 거절당하자 피고와 동반하여 대출하였으며 그때 또한 횟집청산 또는 전세를 놓는 문제로 의견 일치가 되지 않아 갈등을 유발 하였습니다.

18. 피고는 출근을 위해서 일찍 자야 했고 원고는 24시 에서 02시 사이에 귀가하니 원고가 계획적으로 피하였으며 영업이 일찍 끝나는 날에는 원고 둘째 동생이 운영하는 ○○소재 술집에 자주 들러서 손님들과 동석하여 술을 마시고 취해서 귀가하고, 종종 횟집에서 알게 된 손님과 사귀는 사람인지 알 수 없는 남자들과 술을 먹고 취해서 늦게 귀가하니 뭐가 되겠습니까.

○○○○. ○○. ○○.에는 새벽 5시쯤 아파트 경비아저씨로부터 연락이 왔는데 원고가 대로변에 1시간가량 주차되어 있어 위험하다며 전화를 주었기에 나가보니 술이 만취되어 좌석에서 전화기를 숨기기에 일단 집으로 와서 전화기를 확인하니 부재중 전화가 40통 가량 들어와 있어 다음날 전화해보니 어떤 남자가 받기에 아주 당혹한 적도 한 두 번이 아니었습니다.

원고의 귀가를 기다리다 지쳐서 문을 닫고 자면 인기척 없이 외박을 하고 올 때도 종종 일어나곤 했습니다.

19. 원고의 주장들은 하나의 사안을 두고 자기의 입장에서 과장, 확대주장만을 하고 있습니다.

신혼 초부터 수 없이 시댁식구가 행패를 부렸다고 했는데 같이 사는 막내시누를 내보내기 위해 아파트 열쇠를 주지 않고 밤12시까지 계단에 앉아서 기다리는 일이 종종 있다 보니 더럽고 치사하다며 집을 나간 적이 있습니다.

그 일로 큰누나와 큰 매형이 와서 받지 않는 전화기가 무슨 필요하냐며 전화기를 밀쳤을 뿐인데 그것을 살림살이 전부를 부셔버렸다고 주장하고 있으며, 며칠 후 막내여동생이 이사 짐을 옮기기 위해 누나와 매형이 같이 갔는데 왜 열쇠하나 복사를 해주지 않았는지 물어보려고 큰 방문을 노크 했는데 문을 잠군 채 경찰을 바로 불러 그냥 돌아간 일을 원고는 부엌칼 운운하며 살림살이 전부를 부셔버렸다고 주장하고 있습니다.

그랜저 2500cc 차량에 대해서도 마찬가지입니다, 피고는 구입한 경위를 말하려고 한 것이 아니라 가정경제 상태가 나빠졌고 횟집운영이 한 번도 흑자난적이 없다고 주장하기에 고급승용차를 계속 타고 다니면서 사치하고 있다는 것을 주장한 것이지 사치하기 위해 차를 구입한 것이라고 주장한 적은 없습니다.

원고의 주장에 의하면 이혼소를 제기하고 집을 나간 이유가 태국에서 돌아와 그 어떤 폭력행사를 피하기 위해 가출을 했다고 주장하고 있는데 이것만 보아도 원고의 성격을 짐작할 수 있듯이 있지도 않은 일을 미리 있을 것이라고 짐작하여 자기의 가출상태를 타인의 잘못이지 본인의 잘못이 아니라고 주장하고 있는 것입니다

20. 원고가 제시한 갑 제7호증1~4 까지는 조상의 선산과 그기에 딸린 재산으로 부모님이 피땀 흘려 일구어온 재산입니다.

살아계신 홀어머니 잘 모시고 앞으로 제사를 잘 지내라고 부모님이 장남에게

상속한 재산인데, 자식 이혼하는데 선산이며 부모의 재산을 운운하고 있으니 8순 노모께서 밤잠을 잃고 계십니다.

21. 원고는 이제 와서 횟집운영 수입은 거짓말 하나도 보탬이 없이 인건비 정도라고 하는데 그렇다면 갑 제12호증 ○○수산 미수금 사천오백만원과 갑제14호증 1~3은 무엇을 의미하는지 모르겠습니다.

    활어대금을 사천오백씩이나 미수하면서 인건비가 나왔다는 것인지, 인건비가 나왔다면서 횟집운영상 외상부분에서 상세 될 직원인건비를 못주었다는 것은 원고의 소극적 재산을 부풀려 보겠다는 의도 밖에 없습니다.

22. 갑 제13호증1~3은 누구나 얼마든지 만들 수 있는 금전소비대차 계약서라 생각합니다.

    변제기한도 없고 이자에 대한 약정도 없는 급조된 서류라 사료됩니다.

    금액을 보아도 ○○○○. ○○. ○○.에 ○,○○○만원 ○○○○. ○○. ○○.에 ○,○○○만 원 등 총 1년2개월 만에 1억8천만 원을 차용했다는 말인데 그 사용처와 공증된 자료 하나 없이 주장하는 것을 볼 때 터무니없다고 생각하지 않을 수 없습니다.

○○○○ 년 ○○ 월 ○○ 일

위 피고 : ○ ○ ○   (인)

울산지방법원 귀중

【준비서면(16)】 채무부존재확인청구 피고의 억지주장에 대응하여 원고가 반박하고 인용판결을 구하는 준비서면

변론기일	○○○○. ○○. ○○. 14:50

준 비 서 면

<table>
<tr><td>재판장확인</td></tr>
<tr><td>.   .   .
.............................</td></tr>
</table>

사건번호 : ○○○○가단○○○○호 채무부존재확인 등

원 고 : ○   ○   ○

피 고 : ○   ○   ○

<table>
<tr><td>부본영수</td></tr>
<tr><td>.   .   .
.............................</td></tr>
</table>

○○○○ 년 ○○ 월 ○○ 일

위 원고 : ○   ○   ○   (인)

광주지방법원 민사제2단독 귀중

준 비 서 면

사건번호 : ○○○○가단○○○○호   채무부존재확인 등

원   고 : ○   ○   ○

피   고 : ○   ○   ○

이 사건에 대하여 원고는 다음과 같이 변론을 준비합니다.

- 다 음 -

1. 원고의 사업 등

(1) 원고는 부동산분양 및 임대업 등을 목적으로 하는 법인인 소외 주식회사 ○○○씨앤씨(앞으로는 "○○○씨앤씨" 이라고만 하겠습니다.) 의 실질적인 경영주로서, ○○○○. ○○. ○○.경 소외 ○○플러스컴퍼니가 구미시 공단동에 신축하는 오피스텔의 분양대행권을 확보한 바 있습니다.

(2) 원고는 부동산 분양업 등을 목적으로 하는 새로운 회사를 설립하여 구미 오피스텔 분양대행 사업(앞으로는 "구미 사업" 이라고만 하겠습니다.)을 추진할 계획을 세우고 ○○○○. ○○. ○○.경 주식회사 ○○워커플러스(앞으로는 "소외회사" 이라고만 하겠습니다.)의 설립을 추진하는 과정에서 피고가 원고에게 사업자금을 지원하겠다고 하였고, 마침 사업자금이 필요하던 원고는 피고로부터 3,500만원을 차용하게 되었습니다.

(3) 원고는 피고로부터 위 금액을 차용함에 있어 이에 대한 이자로 1,0 00만원을 약속하였고, 그 담보로써 당시 설립절차를 진행하던 소외회사의 발행주식 중 30%를 피고에게 명의 신탁하였습니다.

2. 소외회사의 설립 등

(1) 소외회사의 주식 1주의 금액은 5,000원이고, 발행할 주식의 총수는 80,000주, 발행주식의 총수는 보통주식 20,000주로서 자본의 총액은 1억 원으로, 그 설립당시 주주별 보유 주식수는 원고가 8,000주, 피고가 6,000주, 소외 ○○○이 4,000주, 소외 ○○○가 2,000주이지만 실제로는 원고가 주식대금 전액을 납부하고 피고와 소외인들에게 해당 주식에 대한 명의신탁을 하였습니다.

(2) ○○○○. ○○. ○○.설립된 소외회사의 대표이사로 ○○○이 선임되었고, 피고와 ○○○가 이사, 원고가 감사로 선임되었는데, 그 후 원고가 소외회사의 실질적인 경영주로서 소외회사를 운영하였고, 피고와 ○○○는 이사로 선임등기를 마쳤을 뿐 회사의 운영에 관여한 사실은 전혀 없었으며, 소외회사가 피고와 ○○○에게 월급을 지급한 사실도 없었습니다.

3. 차용금에 관하여

(1) 원고는 ○○○○. ○○. ○○.부터 ○○○○. ○○. ○○.까지 4회에 걸쳐서 피고로부터 3,500만원을 차용하였고, 같은 해 5. 31.까지 위 차용금과 이자 1,000만원을 변제하기로 약속하였습니다.

(2) 원고는 ○○○○. ○○. ○○.피고의 요구에 따라 4,500만원을 ○○○○. ○○. ○○.까지 변제하기로 하는 내용의 차용증을 작성하였습니다.(을제3호증

참조) 위 차용증 작성 당시 원고의 후배로서 소외회사의 대표이사로 취임하는 ○○○이 피고의 요구에 따라 소외회사 대표이사 겸 개인 자격으로 위 채무를 보증하였습니다.(을제3호증 차용증 중 하단의 피고 서명날인 부분은 나중에 피고가 추가한 것입니다.)

(3) 원고는 당시 피고가 원고에게 대여하는 자금을 어떻게 마련하였는가는 알지 못하였고, 구태여 알 필요도 없었습니다.

다만, 원고는 위 차용증 작성 당시 피고가 요구하는 대로 차용증 하단에 '○○○ 귀하'라고 기재하였는데, 원고로서는 그 당시는 물론 현재까지도 ○○○이 누구인가를 전혀 알지 못합니다.

(4) 원고는 위 차용금에 대한 담보로써 당시 설립절차를 진행하던 소외회사의 발행주식 중 30%를 피고에게 명의 신탁하였고, 피고의 승낙을 받아 피고를 소외회사의 이사로 선임하였으나, 피고가 회사의 운영에 관여한 사실은 없었으며, 소외회사가 피고에게 월급을 지급한 사실도 없었음은 위에서 본 바와 같습니다.

(5) 원고는 그 후 피고에게 위 채무원리금 4,500만원을 모두 변제하였던 바, ○○○○. ○○. ○○. 1,500만원, 같은 해 6. 17. 1,000만원 및 2,000만원을 피고가 요구하는 예금계좌에 입금하여 주었습니다.

4. 그 후의 경위 등

가. 소외회사의 판교 사업

① 소외회사는 위와 같이 원고가 구미 사업을 추진하려고 설립한 회사인데, 회사 설립 당시만 하더라도 ○○○○. ○○. ○○.이면 시행사(○○

플러스컴퍼니)가 건축허가 등 절차를 완료하여 분양대행 사업을 시작할 수 있을 것으로 예상하고 있었습니다.

② 그런데, 소외회사는 ○○○○. ○○. ○○. 소외 ○○산업 주식회사와 이 회사가 ○○지역인 ○○시 ○○구 ○○동 ○○○에 신축하는 ○○타워 12층 건물에 대한 분양대행계약을 체결하게 되었던 바, 이 계약은 원고가 같은 해 1. 14.경 전부터 알고 지내던 소외 ○○○(위 건물 시공사인 ○○건설 주식회사의 상무)으로부터 전화연락을 받은 후 급속도로 이루어진 것으로서, 원고마저도 소외회사 설립당시에는 전혀 예상하지도 못하던 일이었습니다.

③ 소외회사는 ○○○○. ○○. ○○.경부터 ○○타워 건물 분양대행사업(이하 "○○ 사업"이라고 합니다)을 진행하였고, 그 과정에서 원고는 ○○ 사업 현장에서 일하고 싶다는 피고가 원하는 대로 피고에게 소외회사 부사장 명함을 제공, 피고가 소외회사 부사장 직함으로 위 건물의 분양에 관여하게 되었지만 이러한 피고의 참여는 소외회사 임직원의 지위가 아니라 분양실적에 따라 분양수수료를 지급받는 분양 팀의 지위에서 분양실적을 올리기 위한 것이었고, 따라서 소외회사가 피고에게 월급을 지급하지 않았습니다.

나. 불화의 발생 등

① 원고는 ○○ 사업을 진행하다가 시행사인 ○○산업의 부당한 처사로 인하여 사업을 중단하였지만 그런대로 사업수익을 얻었는데, 피고가 그동안 소외회사의 운영에 관여한 바가 없었고, 소외회사 주주로서의 권한을 행사한 사실도 전혀 없었습니다.

② 그런데, 피고는 ○○○○. ○○. ○○. 원고에게, '○○ 사업'의 수익금 중 일부로 일정금액을 요구하였다가 원고로부터 이를 거절당한 후에는 형식상 피고가 소외회사의 주주 겸 이사임을 내세워 회사운영에 간섭하려 하였고, 이에 원고는 부득이 이 사건 소를 제기하기에 이르렀던 것입니다.

다. 구미 사업에 관하여

① 원고는 ○○○○. ○○. ○○. ○○플러스컴퍼니가 구미시 공단동에 신축하는 오피스텔의 분양대행권을 확보하고, 부동산 분양업 등을 목적으로 하는 새로운 회사를 설립하여 구미 사업을 추진할 계획을 세우고 소외회사를 설립하였고, 그 과정에서 피고로부터 사업자금 3,500만원을 차용하면서 ○○○○. ○○. ○○.까지 원금 및 이자로 4,500만원을 변제하기로 약정하면서 그 담보로써 소외회사의 발행주식 중 30 %를 피고에게 명의 신탁하였음은 위에서 본 바와 같습니다.

② 원고는 위 당시 피고로부터 위 금원을 차용함에 있어 장차 원고가 구미 사업을 진행하면 그 수익금 중 30%를 피고에게 지급하기로 약속한 사실이 있는데, 구미 사업은 시행사가 필요한 허가를 받지 못하여 오피스텔 분양단계에 이르지 아니함으로써 아직까지도 사업을 시작하지 못하고 있는 형편입니다.

③ 원고는 위와 같이 피고로부터 3,500만원을 차용할 때 이자를 1,00 0만원으로 약정하는 한편, 구미 사업으로 얻은 수익 중 30%를 피고에게 지급하기로 약정하였고, 원고가 피고에게 소외회사 발행주식 6,000주를 명의 신탁하였습니다.

그런데, 원고가 피고에게 주식을 명의신탁 한 것은 위 차용금에 대한 담보를 목적으로 이루어진 것일 뿐 구미 사업 수익금의 지급까지 담보하고자 한 것은 아니었던 바, 다시 말하면, 원고는 위 차용원리금 4,500만원의 변제를 담보하기 위하여 피고에게 소외회사 주식 6,000주를 명의 신탁하였던 것일 뿐 위 차용금의 변제 및 구미 사업 수익금의 지급까지 담보하고자 위 주식을 명의 신탁한 것은 아니었습니다.

④ 원고는 위와 같이 피고로부터 3,500만원을 차용하면서 그 원리금의 담보를 위하여 피고에게 소외회사 주식 6,000주를 명의 신탁하였고, 피고의 승낙을 받고 형식상 소외회사의 이사로 피고를 선임하였던 것일 뿐 피고가 소외회사의 주주 또는 임원으로써 소외회사의 경영에 참여하고자 주식을 인수하거나 이사로 취임한 것이 아니었던 바, 피고가 소외회사의 실제 주주이거나 이사임을 전제로 하는 피고의 주장은 모두 이유 없다고 할 것입니다.

라. 기타

① 원고가 소외회사 설립 당시 피고에게 6,000주, ○○○에게 4,000주, ○○○에게 2,000주의 주식을 명의 신탁하였음은 위에서 본 바와 같은 바, ○○○는 그 보유주식 2,000주를 이미 원고에게 반환하였고, ○○○도 그 신탁관계를 인정하고 있음은 물론입니다.

② 원고의 종전 주장은 그대로 유지합니다.

5. 결론

그렇다면, 원고의 이 사건 청구는 정당하므로 마땅히 인용되어야 할 것 입니다.

○○○○ 년 ○○ 월 ○○ 일

위 원고 : ○ ○ ○   (인)

광주지방법원 민사제2단독 귀중

【준비서면(17)】 양수금청구 피고가 이미 소멸시효가 완성되어 원고청구의 가각을 구하는 준비서면

변론기일	○○○○. ○○. ○○. ○○:○○

준 비 서 면

부본영수
. . .

사　　　건 : ○○○○가합○○○○호　　양수금청구

원　　　고 : ○　　○　　○

피　　　고 : ○　　○　　○

○○○○ 년 ○○ 월 ○○ 일

위 피고 : ○　○　○　　(인)

전주지방법원 제2민사부 귀중

준 비 서 면

사 건 : ○○○○가합○○○○호 양수금청구

원 고 : ○ ○   ○

피 고 : ○ ○   ○

위 사건에 관하여 피고는 다음과 같이 변론을 준비합니다.

– 다 음 –

1. 주 채무의 소멸시효 완성

원고의 본건 청구는 피고에 대하여는 주 채무인 대출금 채무의 이행을, 동 주 채무에 대한 보증책임의 이행을 구하고 있는 것입니다. 한편, 피고의 원고에 대한 주 채무는 은행에 대한 대출금채무로서 은행이 영업행위(상행위)에 기하여 가지는 채권이기에 상법 제64조에 따른 5년의 소멸시효기간이 적용된다 하겠습니다.(대법원 2008. 3. 14. 선고 2006다2940 판결 등 참조).

한편, 피고의 주 채무 중 ○○○○. ○○. ○○.자 가계일반자금대출 ○,○○○만원은 ○○○○. ○○. ○○. 그 만기가 도래하였고, ○○○○. ○○. ○○.자 연체카드론 ○,○○○만원 역시 카드론의 성격상 얼마 안 되어 만기가 도래하였을 것입니다.

그렇다면, 후발채무인 연체카드론 채무를 기준으로 하더라도 적어도 ○○○○.

경에는 양 채무가 모두 이행기에 도달하여 원고로서는 그 권리를 행사할 수 있게 되었다 할 것이고, 위 시점을 기준으로 하여 위 상사소멸시효 5년의 기간이 이 사건 소제기 전에 경과한 사실은 역수상으로 명백합니다.

따라서 피고 의 주 채무는 시효완성으로 소멸되었다 할 것이고, 피고 의 보증채무 역시 보증채무의 부종성에 따라 같이 소멸되었다고 봄이 상당합니다.

한편, 원고는 이 피고에 대하여 행한 부동산 가압류에 기한 시효중단을 주장할지도 모르겠으나, 원고는 피고에 대하여는 가압류나 소송 제기 등 별도의 시효중단 절차를 밟지 않았는바,"보증채무에 대한 소멸시효가 중단되었다고 하더라도 이로써 주 채무에 대한 소멸시효가 중단되는 것은 아니고, 주 채무가 소멸시효 완성으로 소멸된 경우에는 보증채무도 그 채무 자체의 시효중단에 불구하고 부종성에 따라 당연히 소멸된다"는 판례의 입장(대법원 2002. 5. 14. 선고 2000다62476 판결)에 의할 때, 피고 는 갑 제12, 13호증의 부동산 가압류에도 불구하고 피고 의 주 채무 소멸로 인하여 결국 그 보증책임이 소멸된다 하겠습니다.

덧붙여, 원고는 지난 준비서면에서 피고가 가압류취소신청을 제기한 것이 본건 대출금에 대한 연대보증인임을 시인한 것이라는 기이한 주장을 하였는데, 그것이 이유 없음을 밝히는 데에는 별다른 설명이 필요 없을 정도입니다.(피고 는 위 가압류가 부당하기에 그 취소신청을 구한 것입니다)

2. 결론

따라서 결국 시효소멸로 인하여 피고가 원고에 대하여 부담하는 채무는 더 이상 없다 할 것인바, 피고는 귀원께서 원고의 청구를 기각하여 주실 것을 요청드립니다.

소명자료 및 첨부서류

1. 준비서면 부본   2통

○○○○년 ○○ 월 ○○ 일

위 피고 : ○ ○ ○   (인)

전주지방법원 제2민사부 귀중

【준비서면(18)】 종합소득세 등 부과처분취소 특수관계 저가임대가 아니므로 취소를 구하는 준비서면

변론기일	○○○○. ○○. ○○. ○○:○○

준 비 서 면

부본영수
.　.　.

사　　건 : ○○○○구합○○○○호 종합소득세부과처분 취소

원　　고 : ○　　　○　　　○

피　　고 : 영 등 포 세 무 서 장

○○○○ 년 ○○ 월 ○○ 일

위 원고 : ○　○　○　　(인)

서울행정법원 귀중

준 비 서 면

사　　건 : ○○○○구합○○○○호　종합소득세부과처분 취소

원　　고 : ○　　　○　　　○

피　　고 : 영 등 포 세 무 서 장

위 사건에 관하여 원고는 다음과 같이 변론을 준비합니다.

– 다　　음 –

1. 원고의 평당 전세보증금

원고는 소외 ○○호텔(이하 '소외회사'라고 줄여 쓰겠습니다) 와 서울시 영등포구 ○○동로 ○○○. 토지 364평에 대하여 ○○○○. ○○. ○○.부터 같은 해 ○○. ○○.까지는 임대보증금 97,500,000원, 월차임 3,000,000원, 같은 해 ○○. ○○.부터 같은 해 ○○. ○○.까지는 전세보증금 247,500,000원에 각 임대차계약을 체결하였습니다.

가. 평당 평균 임대보증금

○○○○. ○○. ○○.부터 같은 해 ○○. ○○.까지의 평당 평균 임대보증금 267,857원(97,500,000원/364평), ○○○○. ○○. ○○.부터 같은 해 ○○. ○○.까지의 평당 평균 임대보증금 679,945원(247,500,000원/364평)이며, 이를 평균하면 ○○○○. 평당 평균 임대보증금은 473,901원{(267,857원 + 679,945원) ÷ 2}입니다.

나. 평당 평균 월차임

○○○○. ○○. ○○.부터 같은 해 ○○. ○○.까지의 차임은 금 10,500,000 원(월 3,000,000원 × 3.5개월)이며, ○○○○. 평당 월 평균 임대료는 금 2,403원(10,500,000원 ÷ 12개월 ÷ 364평)입니다.

다. 평당 전세보증금으로 환산

원고의 소외회사에 대한 임대보증금 및 월차임을 전세로 환산하면 평당 전세보증금은 594,051원[473,901원(평당 평균 보증금) + {2,403원(평당 평균 월차임) × 50}]입니다.

2. 원고의 평당 전세보증금

원고는 소외회사와 서울시 영등포구 ○○동로 ○○○, 토지 105평에 대하여 ○○○○. ○○. ○○.부터 같은 해 ○○.○○.까지는 임대보증금 32,500,000원, 월차임 1,000,000원, 같은 해 ○○. ○○.부터 같은 해 ○○. ○○.까지는 전세보증금 82,500,000원에 각 임대차계약을 체결하였습니다.

가. 평당 평균 임대보증금 및 월차임

○○○○. ○○. ○○.부터 같은 해 ○○.○○.까지의 평당 평균 임대보증금 309,523원(32,500,000원/105평), ○○○○. ○○. ○○.부터 같은 해 ○○. ○○.까지의 평당 평균 임대보증금 785,714원(82,500,000원/105평)이며, 이를 평균하면 20○○○. 평당 평균 임대보증금은 547,618원{(309,523원 + 785,714원) ÷ 2}입니다.

나. 평당 평균 월차임

○○○○. ○○. ○○.부터 같은 해 ○○. ○○.까지의 차임은 금 3,500,000원(월 1,000,000원 × 3.5개월)이며, ○○○○. 평당 월 평균 임대료는 금 2,777원(3,500,000원 ÷ 12개월 ÷ 105평)입니다.

다. 평당 전세보증금으로 환산

원고의 소외회사에 대한 임대보증금 및 월차임을 전세로 환산하면 평당 전세보증금은 686,468원[547,618원(평당 평균 보증금) + {2,777원(평당 평균 월차임) × 50}}입니다.

3. 인접 토지들의 평당 전세보증금

가. 서울시 영등포구 ○○동로 ○○○, 토지의 평당 전세보증금

위 토지는 소외 ○○○이 소외 ○○○에게 임대한 것으로서 현재 위 토지는 벽돌스라브 창고로 사용하고 있으며, 위 토지의 전세보증금은 10,000,000원, 임대차기간 ○○○○. ○○. ○○.부터 ○○○○. ○○. ○○.까지로 정하고 임대차계약을 체결하였으며, 위 토지의 평당 전세보증금은 금 113,636원(10,000,000원 ÷ 88평)입니다.

나. 서울시 영등포구 ○○동로 ○○-○ 토지의 평당 전세보증금

위 토지는 소외 ○○○가 소외 ○○○에게 임대한 것으로서 현재 위 토지상에 세차장을 운영하고 있으며, 위 토지의 전세보증금은 금 20,000,000원이고, 대지 40평, 임대차기간 ○○○○. ○○. ○○.부터 ○○○○. ○○. ○

○.까지로 임대차계약을 체결하였으며, 위 토지의 평당 전세보증금은 금 500,0 00원(20,000,000원 ÷ 40평)입니다.

4. 원고의 인접 토지들의 평당 전세보증금 비교

그렇다면 원고의 이 사건 토지는 이와 인접한 위 ○○○, ○○○ 소유의 토지들과 비교하면 결코 저가임대가 아니며, 오히려 원고는 위 ○○○ 보다 평당 금 480,415원(594,051원 - 113,636원)이 비싸게 임대하였으며, 위 ○○○ 보다는 평당 금 94,051원(594 ,051원 - 500,000원)을 비싸게 임대하였습니다.

그리고 원고 역시 위 ○○○ 보다 평당 금 572,832원(686,468원 - 113,636원)이 비싸게 임대하였으며, 위 ○○○ 보다는 평당 금 186,468원(686,468원 - 500,000원)을 비싸게 임대하였습니다.

5. 결 론

이상에서와 같이 원고가 소외회사와 체결한 이 사건 임대차계약은 결코 특수관계에 의한 저가임대가 아니며, 이 사건 토지와 인접한 주변 토지들에 비해 오히려 비싸게 임대하였습니다.

그러므로 피고가 원고에게 한 이 사건 부과처분은 위법하다 할 것이므로 취소되어야 할 것입니다.

소명자료 및 첨부서류

1. 갑 제7호증 1내지 2, 3,   각 현황사진
1. 갑 제8호증 1내지 2,   현황사진

○○○○ 년 ○○ 월 ○○ 일

위 원고 : ○ ○ ○   (인)

서울행정법원 귀중

■ **대한법률콘텐츠연구회** ■

편 저

· 법률용어사전
· 산재판례 100선
· 판례 소법전
· 산업재해 이렇게 해결하라
· 민사소송 준비서면 작성방법
· 형사사건 탄원서 작성 방법
· 새로운 고소장 작성방법 고소하는 방법

당사자가 변론에서 수시로 주장하는 준비서면 실무지침서
민사소송 준비서면 작성방법

2025년 01월 10일 3쇄 인쇄
2025년 01월 15일 3쇄 발행

편 저 대한법률콘텐츠연구회
발행인 김현호
발행처 법문북스
공급처 법률미디어

주소 서울 구로구 경인로 54길4(구로동 636-62)
전화 02)2636-2911~2, 팩스 02)2636-3012
홈페이지 www.lawb.co.kr

등록일자 1979년 8월 27일
등록번호 제5-22호

ISBN 979-11-92369-77-8 (13360)

정가 24,000원

이 도서의 국립중앙도서관 출판예정도서목록(CIP)은 서지정보유통지원시스템 홈페이지(http://seoji.nl.go.kr)와 국가
자료종합목록 구축시스템(http://kolis-net.nl.go.kr)에서 이용하실 수 있습니다.